大学生创新创业意识发展及其影响因素研究

——以贵州省为例

邹维兴　郭　磊——著

西南财经大学出版社

中国·成都

图书在版编目(CIP)数据

大学生创新创业意识发展及其影响因素研究:以贵州省为例/邹维兴,
郭磊著.—成都:西南财经大学出版社,2023.11
ISBN 978-7-5504-5975-5

Ⅰ.①大… Ⅱ.①邹…②郭… Ⅲ.①大学生—创业—研究
Ⅳ.①G647.38

中国国家版本馆 CIP 数据核字(2023)第 211790 号

大学生创新创业意识发展及其影响因素研究——以贵州省为例
DAXUESHENG CHUANGXIN CHUANGYE YISHI FAZHAN JI QI YINGXIANG YINSU YANJIU——YI GUIZHOU SHENG WEILI

邹维兴　郭磊　著

责任编辑:冯雪
责任校对:金欣蕾
封面设计:墨创文化
责任印制:朱曼丽

出版发行	西南财经大学出版社(四川省成都市光华村街55号)
网　址	http://cbs.swufe.edu.cn
电子邮件	bookcj@swufe.edu.cn
邮政编码	610074
电　话	028-87353785
照　排	四川胜翔数码印务设计有限公司
印　刷	四川煤田地质制图印务有限责任公司
成品尺寸	170mm×240mm
印　张	12
字　数	202千字
版　次	2023年11月第1版
印　次	2023年11月第1次印刷
书　号	ISBN 978-7-5504-5975-5
定　价	68.00元

前言

创新是推动社会历史进步的动力。创新创业意识是指潜在创业者是否采取创新创业行动的一种主观心理状态，是一个复杂的动态变化的过程，必然受到各种内部和外部因素的影响。目前，创新创业意识在创新创业教育中不断发展并得到提高，创新创业教育是我国高等教育实现内涵式发展的重要路径，也是高等教育改革发展的重要突破口。

本书所做研究是在问卷调查这一实证研究的基础上，全面系统地考察了贵州省大学生这一群体在创新精神、创业意识和创业动机三个方面的现状，并比较了不同人口学变量在这些方面的差异。调查研究发现大学生创新创业意识整体处于中等水平，但在不同性别、专业、家庭背景等群体之间存在显著差异。这一结果得出了贵州省大学生创新创业意识现状的具体表现和趋势，也提示教育机构应针对特定群体进行差异化的指导。

本书所做研究的另一个重要内容是进一步深入探讨了大学生个性特点、自我认知和家庭教养方式、教师多元教学方式等内外部因素对创新创业意识发展的具体作用。研究表明，更开放个性和民主式的家庭教育、多元化的教育教学方式是创新创业意识发展的正向预测因素。这一发现从心理发展的角度解释了创新创业倾向的形成机制，也为家庭教育和学校教育提供了改进教育方法的理论依据。同时本书也深入分析了创新精神、创业动机与创业意识之间的内在关系，揭示了它们之间的相互作用机制。这一发现丰富了创新创业意识方面的心理理论，为创新创业教育实践提供了参考。

在对实证研究结果进行深入分析讨论的基础上，本书从高校创新创业教育的角度探讨提出了提高大学生创新创业意识的具体建议与教育对策。首先，高校要通过定期的创新思维训练提高大学生的创新意识，引导大学生形成良好的创新思维，激发大学生的创新行为。其次，高校应该从培养学生积极的创业行为态度、增强学生创业主观规范感知力、提升学生创业知觉行为控制力三个层面入手来提升大学生创新创业意识。再次，高校要不断提高创新创业培训课程的质量与成效，鼓励和指导大学生积极参与各级各类大学生创新创业训练计划项目、"互联网+"大学生创新创业大赛等，让大学生在各种实践训练中体验创新创业的激情与成就，从而激发其创新创业意愿。最后，高校要在各种锻炼中帮助大学生形成合理的归因机制，关注不同专业大学生创业心理发展，不断提高大学生的核心自我评价水平，进而增强创新创业激情。

本书全面系统地调查了大学生创新创业意识基本状况，并从多学科视角考察了大学生创新创业意识发展的影响机制，丰富和拓展了创新创业心理学研究。这些发现为更好地开展创新创业教育提供了重要参考，对促进高校高质量的创新创业教育具有重要的现实意义。本书不仅可供相关部门制定创新创业教育政策时参考，也可供高校制订创新创业课程和活动方案时借鉴。本书主要内容中向家庭教育和学校教育提出的对策和建议，也可使他们更好地指导青年学生创新精神的养成和创业技能的培养。同时，本研究成果的另一个重要作用是丰富和完善了创新创业心理与教育领域研究范式，问卷测量结合差异比较、预测模型等计量方法，展现了个体创新创业倾向形成的复杂机制，为后续研究提供了范例。

总而言之，本书系统调查了大学生创新创业意识基本现状，多角度探讨了影响机制，其研究结果可为创新创业教育决策提供科学依据，同时也丰富了创新创业教育研究领域的理论成果。希望本书的出版能够拓展创新创业研究领域的广度与深度，也能进一步推动我国大学生创新创业教育的发展。

邹维兴

2023 年 6 月

目录

第一章　研究背景和意义

一、问题提出

创新创业意识是指潜在创业者采取创新创业行动的一种主观心理状态，这是一个复杂的动态变化的过程，必然受到各种内部和外部因素的影响。作为一个开放性的活动，创业一定与其所处的环境相互作用、相互影响。创新创业意识是个体对整个外部环境是否有利于创业的感知，创业环境是决定创新创业意识产生的外部驱动力。作为一个特殊群体，大学生具备年轻人特有的创新精神和专业的文化知识，他们的学习能力强，是国家未来最主要的科技创业群体，其创新创业意识的强弱决定了未来创业人数的多少和质量的高低。因此，良好的创新创业环境对于提高大学生创新创业意识具有重要作用。

当前，在经济发展和就业形势的要求下，国务院在近年的《政府工作报告》中多次明确提出，要持续推进"大众创业、万众创新"。由此可见，"双创"思想已经上升到国家的战略高度与顶层设计（宁德鹏，2017），同时全国已经形成了大众创业、万众创新的生动局面。面对创业创新的大浪潮，大学生以及大学毕业生对"双创"号召积极响应，但现实数据显示，我国大学生以及大学毕业生创业率不高，自主创业率与社会的期望还存在很大差距。针对这种情况，学者做出了相关的思考：是什么导致了大学生以及大学毕业生创业的瓶颈？如何提高大学生以及大学毕业生创业行为和创业率？在经过广泛的实证调研及学术研究后，有学者提出，开展创业教育能够有效提升大学生的创业行为和创业成功概率。在"全民创业"的社会浪潮中，如何激发大学生的内在创新创业意识，以机会驱动型创业来引领和推动我国大众创业的新局面是一个迫在眉睫的议题（宁德鹏，2017）。

创新是推动社会历史进步的动力。创新也被称为创造性或创造力，是指个体根据客观的发展需要，运用已知的信息，不断突破常规，发展或产生某种新颖、独特想法的能力。社会环境和文化等社会性因素对创造性思维具有重要影响。以往研究发现，影响青少年创造力发展的主要因素有家庭、学校以及社会文化。其中，家庭作为个体最早接触到的外界环境，父母的教养方式对其子女的创造性发展起着重要作用。积极的家庭环境能激发孩子的创造性潜能，其与创造力的流畅性、灵活性、独创性及总体存在显著正相关，积极的家庭环境包含了父母教养方式、亲子互动和家庭气氛等各个方面。

二、研究背景

关于创业意识的研究，美国著名创业教育家杰弗里·蒂蒙斯（Jeffery Timmons）的著作《创业学》是最具代表性的。《创业学》的内容包括商机、创始人、资源需求、创业企业融资、企业创建与创建后五个部分，但是关于创业意识的单独研究几乎没有涉及。从实践上看，西方国家十分重视对学生进行创业意识的培养。比如，美国从小学到大学乃至研究生，都普遍开设就业与创业课程，进行创业教育，让学生根据自身兴趣来选择学习不同的技术和技能（姚大伟，2017）。

国外学者对创新创业意识等方面的影响因素已有较深入的研究和相关成果，但由于国内创业情况比较复杂，相关影响因素的内容和体系需要进一步厘清与深入分析，因而关于创业方面的研究起步较晚，相关研究文献大多停留在阐述创业的意义和目标等宏观方面，对创新创业意识微观上的实证研究较少。因此，对创业方面的研究需要突破原有的模式，从宏观研究衍生到微观研究。并且，国内对这方面的问卷调查研究主要集中在探讨创业意向的影响因素上，注重强调社会性因素，只在一定程度上增加了个人因素。其中，个人的影响因素主要包括个人特质、创业能力、创业自我效能和个人背景因素等；而对大学生创业意向产生显著影响的教育环境主要有院校类型、院校层次、创业教育等；社会环境主要涉及创业相关政策、创业氛围以及创业阻力三个方面。其中，创业相关政策是指国家或地区颁布实施的有利于创业的政策规定等；创业氛围是指能够被感知的社会创业热情程度；创业阻力是指大学生创业时感受到的或已经遇到的困难。

影响大学生创业意向的社会环境界定为创业相关政策、社会对大学生创业的认可与支持，以及大学生在创业过程中可能遇到的在资金、信息、资源等方面的限制（胡菁，2018）。

另外，我国学者对创业教育类问题越来越重视，研究内容也在不断细化，研究方法越来越多样，研究成果也越来越丰富，这对研究者和对创业感兴趣的大学生都有重要的作用。从目前来看，对于创业类问题的研究，国内学者大多侧重于对创业模式的研究，以及对国内外创业教育的优势经验的比较与借鉴；针对创新创业意识方面的研究，主要涵盖在创业教育的整体研究中，缺乏专门的探索，而创新创业意识影响着大学生创业的兴趣和动机，是践行创业的基础和前提。因此，对这个问题的研究是有着深远意义的，希望本书通过对贵州大学生创新创业意识的现状问题调查以及成因的研究和思考，能够提升大学生创新创业意识。

三、研究意义

（一）理论意义

当前新形势下，创新创业意识现状研究与培育是对大学生思想政治教育的创新与开拓，是创新创业教育的重要组成部分。大学生开展创新创业实践需要以创新创业教育作为引领，而创新创业教育则需要由创新创业意识开启。三者之间相互联系、相互作用，这是大学生思想政治教育理念和方法的创新，也是在高等教育大众化背景下，在大众创业、万众创新的时代号召下，对大学生创新创业教育内容的丰富和拓展，这开启了创新创业领域下高校思想政治教育的先河。

当前，中国经济处于新常态时期，大众创业对中国经济的增长具有非常重要的作用。基于上述研究背景，本书通过实证调查深入分析大学生的创新精神、创业意识和创业动机等现状及它们之间的关系，这些变量都是本书研究大学生创新创业意识的关键要素，也是当前非常具有理论价值与现实意义的重要研究课题。并且，大学生的创新创业意识是国家创新力的引擎，聚焦于大学生的创新创业意识现状、因素及作用机制研究有助于完善当前创新创业理论研究的框架。

（二）实际意义

创新创业的发展，是整个国家经济社会深化改革的明显体现，经济新常态下的中国，以创新创业为驱动力的经济形式日益成为整个经济社会发展的核心支柱。在经济全球化的今天，全球化产业链在不断完善、丰富，标准化技术在不断拓展、规范，过去以廉价劳动力为优势的经济发展形式已经不复存在，任何一个国家或企业，其自身都需要拥有足够强大的核心竞争力，而核心竞争力源于创新创业的发展，创新创业的发展则离不开创新创业人才、意识的培养。正因如此，我们对大学生创新创业意识状况的了解及培育变得至关重要。作为创新创业实践的主力军，大学生的创新创业意识状况调查和培育受到社会各界的关注，只有社会各界都重视大学生的创新创业意识状况，关注创新创业人才的培育，才能够进一步提升国家的创新创业水平和能力，从而巩固和加强国家的核心竞争力。

本书通过对贵州大学生创新创业意识的实证调查分析，了解当前大学生创新创业意识程度，分析大学生创新创业意识的影响因素，以期引起贵州高校对大学生创新创业教育的重视，为制定创新创业政策提供相关依据，完善创新创业教育模式，提升创新创业教育对大学生创新创业意识的影响力，以此来缓解大学生就业压力，更重要的是引导大学生积极开展创业活动，提升自主创新能力，造就一批适应当前社会需要的高素质创新型人才。另外，创新创业的相关政策支持能够为大学生创业带来一定的便利，提供良好的创新创业环境，进而激发大学生积极投身于创业活动的热情。政策的制定需要以事实为依据，因此，本书以调查数据为研究基础，为制定相关政策提供客观数据支持，以期提高创新创业政策的科学性和宣传的有效性。

第二章　研究设计

一、调研对象

本次问卷调查采用方便取样的方法，调查对象为贵州省七所高校的700名大学生，共回收调查问卷665份，有效率为95%。其中，有效被试年龄为18~24岁，包括男大学生259人，女大学生406人；文史类专业131人，理科类专业512人，其他专业20人；大一年级135人，大二年级259人，大三年级259人，大四年级12人。

二、研究方法

（一）文献研究法

文献研究法主要指搜集、鉴别、整理文献，并通过对文献的研究形成对事实的科学认识的方法。本书通过对目前创新创业理论，尤其是有关创新创业行为影响因素以及创新创业教育的研究文献的梳理，厘清了与本书相关构念的研究现状和不足。

（二）问卷调查法

问卷调查法是实证研究中比较常用的一种搜集数据的研究方法，本书采用问卷调查法进行调研，搜集所需数据，并对其进行量化处理和统计分析。本书调研依赖于量表的内容和结构设计，可通过书面或语言形式直接获取第一手研究材料，同时采用高信效度中关于创新创业意识方面的量表对大学生进行深入调查。

（三）定量分析

本书利用SPSS 26.0软件对由有效调查问卷组成的数据库进行描述性统计分析、信度检验、效度检验等，以初步了解有效样本的数据特征分布情况。同时，通过中介效应分析等路径分析模型，探讨各变量之间的直接效应、间接效应等具体的影响路径、机制模型，并检验理论假设，从而得出统计检验结果并对相关结论进行讨论。

三、研究思路

首先，通过对大量相关文献的阅读和对现实的观察，明确本书拟解决的主要问题。其次，在对创新创业研究文献进行综述的基础上，试图找出影响大学生创新创业意识的具体因素，明确各主要变量的测量维度，提出本书的研究假设。再次，根据国内外的研究成果，结合我国大学生创新创业现状，对所采用的量表进行适应性修改；调查问卷最终形成后，在选定贵州多个地区的若干所大学进行正式调查问卷的发放，所有纸质问卷全部当场回收，用SPSS录入收集的相关数据，用统计软件对录入整理完毕的数据进行处理和分析，用数据分析处理的结果来验证所提出的研究假设。最后，根据数据分析结果，得出最终的结论，并提出相应的建议。

四、调研工具

（一）核心自我评价量表

核心自我评价量表由贾奇（Judge）等编制。克朗巴哈系数（Cronbach's α）为0.83，分半信度为0.84，重测信度为0.82，在本书中该量表Cronbach's α系数为0.824。该问卷是单维度自评量表，由十个题目组成，采用五级计分，1＝完全不同意，2＝不太同意，3＝不太确定，4＝比较同意，5＝完全同意。第2、3、5、7、8、10题为反向计分题，分数越高说明被测者的核心自我评价水平也越高（Judge，2003）。

（二）大五人格量表

中国大五人格问卷简版由王孟成编制，Cronbach's α系数为0.75以上。

在本书中该量表 Cronbach's α 系数为 0.729。该量表包含现代心理学研究发现的最高级组织层次的五个人格特质，分别是：神经质是指个体在情绪稳定性和体验负性情绪上的个体差异；严谨性是指个体在按照社会规范的要求控制冲动的倾向、以任务和目标为导向、延迟满足以及遵守规范和纪律等方面上的个体差异；宜人性是指个体对人性及他人（遭遇）表现出的同情心和人文关怀；开放性是指个体对待新事物、新观念和新异刺激的态度和行为差异；外向性是指个体神经系统的强弱和动力特征。其中反向计分的条目有七个，该量表采用六级计分方式计分（王孟成 等，2011）。

（三）简式父母教养方式问卷

简式父母教养方式问卷由蒋奖等人（2010）所修订，其内部一致性信度为 0.74~0.84；折半信度为 0.73~0.84；重测信度为 0.70~0.81，效标关联效度为 0.82~0.93，这表明该量表信效度良好。该量表在本书中的 Cronbach's α 系数为 0.876。本问卷分为父亲版和母亲版两部分，每部分 21 题，题目一致且有三个维度：拒绝、情感温暖和过度保护。其中，拒绝（6 个条目，如"即使是很小的过错，父/母亲也惩罚我"）；情感温暖（7 个条目，如"父/母亲赞美我"）；过度保护（8 个条目，如"我觉得父/母亲干涉我做的任何一件事"）。量表采用李克特（Likert）4 点计分方式，1＝从不，2＝偶尔，3＝经常，4＝总是，得分越高说明其父母越多地采用该种教养方式（蒋奖 等，2010）。参考以往研究，本书将积极教养方式与消极教养方式展开分析，积极教养方式通过情感温暖测量，消极教养方式通过拒绝和过度保护测量。

（四）大学生创新精神调查问卷

大学生创新精神调查问卷由王洪礼等人（2009）编制，该量表共 40 个题项，包括主体、客体两个维度下的七个子维度，分别是：灵活与变通性、标新立异性、批判性、反思性、教师支持、大学课程、同伴影响（前四个属于创新精神中的主体维度，后三个属于创新精神中的客体维度）。量表采用李克特 5 点计分方式，1＝完全不符合，2＝不太符合，3＝不太确定，4＝比较符合，5＝完全符合，反向计分题则相反。问卷总分越高，表明越富有创新精神。量表的 Cronbach's α 系数为 0.785~0.902，重测信度为 0.775~0.897，各项指标均较好地符合了心理测量学要求，表明该量表信效度良好。该量表在本书中的 Cronbach's α 系数为 0.800。

在七个子维度中，灵活与变通性是指测定被试者思维上的随机应变、举一反三的能力以及不易受功能固着、定势等作用的影响的程度。标新立异性是指测定被试者对问题提出超乎寻常的、独特新颖的见解的程度。批判性是指测定被试者对前人和自己的已成定论的知识观点和结论等进行质疑、问难、批评、纠正甚至否定的能力。反思性是指测定被试者对自己的思维过程、思维方法、解题过程、解题方法和思维结果、解题结果再进行思考的能力。以上四个维度主要针对个体的创新性思维来分析，属于创新精神中的主体维度。

另外三个子维度中，教师支持是指测定教师对创新的认识和态度，教师鼓励学生创新的方法，教师创新榜样示范作用，以及课堂气氛的民主开放程度。大学课程是指测定高校开设的专业课和公共课等课程对培养创新精神的作用。同伴影响是指测定被试者的同学、朋友对创新的认识和态度。上述三个维度属于创新精神中的客体维度，即外部环境影响方面，之所以要设客体层面，是因为创新精神不可能在真空中产生，其产生会受到各方面环境的影响，因而必须考虑个体以外的环境变量。在我国的高等学校中，影响大学生创新精神的环境变量莫过于教师支持、大学课程和同伴影响。

（五）大学生创业意识问卷

大学生创业意识问卷由赵春鱼等人（2013）编制，量表共 20 个题项，包括五个维度：创业主动性（如"我会主动参加学校关于创业教育的讲座"）、创业渴望（如"成为一个企业家会给我带来很大的满足"）、创业支持感（如"我的老师支持我去创业"）、创业回避（如"我认为我完全没能力去创业"）、创业承担（如"为了创业，我能够承担必要的风险"），各维度的内部一致性 α 系数分别为 0.801、0.762、0.734、0.706、0.678，同时该量表总的 α 系数为 0.825，说明该量表的信度较好。该量表在本书中的 Cronbach's α 系数为 0.853。量表采用李克特 5 点计分方式，1=完全不符合，2=不太符合，3=不太确定，4=比较符合，5=完全符合，反向计分题则相反。问卷总分越高，表明创业意识越高，该问卷在以往实证研究中的结果表明该量表信效度较好。

（六）大学生创业动机问卷

大学生创业动机问卷由黄婷婷（2014）编制，该量表的结构维度为：

冒险敢为、自我实现、追名求富和社会支持，共 19 个题项。其中，冒险敢为是指个体能够承受风险，不惧怕未知的危险而勇于坚持不懈地作为；自我实现是指个体为实现个人理想、抱负，最大程度地发挥个人的能力，并能努力挖掘自己的潜力，使自己逐渐成为自己期望成为的人；追名求富是指个体追求名利、财富等物质元素；社会支持是指个体在日常生活中所得到的，如政策法规、知识技能及周边人际资源等方面的社会性支持。问卷采用李克特 5 点计分方式，1 代表完全不符合，2 代表不符合，3 代表不确定，4 代表符合，5 代表完全符合。在本书中该问卷的内部一致性 α 信度系数为 0.890，说明问卷具有较高的心理测量学指标。

（七）高校教师多元化教学方式使用情况问卷

笔者自编高校教师多元化教学方式使用情况问卷，该问卷由 13 个题项组成，由大学生对他们所接触的高校任课教师在课程教学中使用教学方式的灵活多样（如启发思维、实践锻炼等）和教学评价的多元化等方面进行评定。该问卷采用 5 级计分方式，1 = 完全不符合，2 = 不太符合，3 = 不太确定，4 = 比较符合，5 = 完全符合。得分越高代表高校教师在课程教学中采用的多元教学方式越丰富。在本书中，由笔者自编的问卷得出的内部一致性 Cronbach's α 系数为 0.909，同时探索性因素分析得到该问卷为单因子结构，单因子方差载荷累计解释总变异为 48.055%，验证性因素分析表明该问卷的单因子模型是最优模型，单因子模型的各项拟合指标为：$\chi^2/\mathrm{d}f =$ 5.143，NFI = 0.910，IFI = 0.926，TLI = 0.911，CFI = 0.926，RMSEA = 0.079，可以看出各项信效度的心理测量学指标较好。

五、数据统计分析

对调查所得数据采用 SPSS 26.0 统计软件进行录入和统计分析。首先，通过描述统计分析得到大学生创新精神、创业意识、创业动机、核心自我评价、大五人格的总分或维度得分。其次，通过独立样本 t 检验或单因素方差分析对创新精神、创业意识、创业动机等进行性别、年级、专业类别等人口学变量上的差异检验。最后，通过相关分析和回归分析来考察各变量之间的关系，同时通过 Process 宏程序中的简单中介效应分析模型和链式中介效应分析模型来探讨各变量之间的具体影响机制。

第三章 大学生创新精神状况调查

一、创新精神研究概述

创新精神是人在主动探寻和发现事物间的新关系的过程中或者在创造性活动的过程中产生的智能心理因素与非智能心理因素的优化整合并具备心理辐射功能的不断进取、勇于探索的积极心理状态（王洪礼 等，2011）。有研究认为创新精神在本质上是指一个人从事创新活动、产生创新成果、成为创新之人所具备的综合素质，其具有综合性、关联性和发展性特点，在结构上涉及创新意识、创新意愿、创新思维、创新个性、创新品德、创新美感、创新技法等（秦虹 等，2006）。也有研究认为创新精神是主体从事创新活动的精神素质的总称，是创新的发起与完成的要素之一。还有研究将领导者创新精神定义为人们在认识世界、处理问题时所体现出来的一种不循规蹈矩，不墨守成规，不畏惧风险和失败，积极求新求变，敢于开拓，不断探索，奋发向上的精神状态。

王洪礼等对大学生的创新精神研究表明：苗族、布依族、侗族、彝族、藏族等少数民族大学生在创新精神的灵活与变通性、标新立异性、批判性、反思性四个主体维度中，反思性相对最强；在创新精神的教师支持、大学课程和同伴影响三个客体维度中，教师支持相对最弱。这表明在其创新精神的培养中，缺乏应有或足够的教师鼓舞、引导、启发和支持。

国内有研究者认为要引导大学生增强创新精神意识，激励他们参与实践与提高创造力，呼吁高校适应时代步伐，引导大学生充分认识到培养创新精神的必要性，努力寻找培养大学生创新精神的方法，拓展培养创新精神的渠道，以适应时代的发展和社会的需求。岳昌君等人（2015）的研究表明在控制了院校特征、家庭背景和个人特征因素的条件下，学生的求学动机、学校环境、学生参与以及师生互动四方面会显著地影响其创新精神。比如，有更加充分的专业兴趣、专业自信和专业理想，学习成绩好、有出国交流经历、有丰富的实习实践经历、有积极主动的学习行为的学生，其创新精神往往较高；跨学科实践类课程、"规范导向"和"激发导向"的教学方式以及校内外导师对学生的指导等都会对学生创新精神培养产生显著的积极作用。

二、大学生创新精神状况

（一）大学生创新精神的总体状况分析

笔者对创新精神主客体方面的各维度及总分进行描述性统计，具体结果见表3.1。

表3.1　大学生创新精神现状

维度	最小值	最大值	均值	标准差	题均分
灵活与变通性	11.00	34.00	22.32	3.13	3.19
标新立异性	13.00	35.00	23.36	3.55	3.34
批判性	8.00	29.00	18.64	2.90	3.11
反思性	8.00	25.00	16.82	2.71	3.36
创新精神主体方面	55.00	114.00	81.14	8.99	2.25
教师支持	7.00	30.00	19.42	3.23	3.2
大学课程	4.00	20.00	13.65	2.72	3.41
同伴影响	9.00	25.00	17.31	2.74	3.46
创新精神客体方面	32.00	71.00	50.38	6.41	3.36
创新精神总分	93.00	181.00	131.52	13.54	3.29

调查结果显示，大学生的创新精神总体上趋于中等水平。在创新精神主体方面，批判性维度得分最低，说明大学生对前人和自己的已成定论的观点和结论等进行质疑、批评、纠正甚至否定的能力较缺乏；同时在反思性维度上的得分最高，说明大学生对自己的思维过程、思维方法、解题过程、解题方法和思维结果、解题结果进行再思考的能力相对较好。在大学生的创新精神客体方面，同伴影响维度的题平均得分最高，说明大学生创

新精神受同伴的影响较大，大学生的同学、朋友对创新的认识和态度普遍较好。

（二）大学生创新精神在人口学变量上的差异分析

1. 大学生创新精神在性别上的差异分析

以创新精神主客体方面的各维度及总分为因变量、性别为自变量进行独立样本 t 检验，结果如表3.2所示。

表 3.2　大学生创新精神在性别上的差异分析（M±SD）

维度	男（$N1 = 259$）	女（$N2 = 405$）	t	P
灵活与变通性	22.66±3.29	22.10±3.00	2.25	0.025
标新立异性	23.80±3.70	23.08±3.42	2.58	0.028
批判性	18.81±3.02	18.53±2.82	1.20	0.231
反思性	17.05±2.90	16.68±2.58	1.67	0.096
创新精神主体方面	82.38±9.74	80.35±8.39	2.76	0.006
教师支持	19.29±3.40	19.51±3.12	−0.86	0.392
大学课程	13.93±2.51	13.47±2.83	2.17	0.030
同伴影响	17.22±2.89	17.36±2.64	−0.67	0.514
创新精神客体方面	50.36±6.65	50.39±6.27	−0.06	0.953
创新精神总分	132.75±14.58	130.74±12.79	1.83	0.069

结果显示，大学生创新精神主体方面的灵活与变通性、标新立异性，以及客体方面的大学课程，这三个子维度在性别上存在显著性差异，同时在创新精神的主体方面总分上也存在显著的性别差异，具体均表现为男大学生的创新精神得分显著高于女大学生。

2. 大学生创新精神在年级上的差异分析

以创新精神主客体方面的各维度及总分为因变量、年级为自变量进行单因素方差分析，结果如表3.3所示。

表 3.3　大学生创新精神在年级上的差异分析（$M \pm SD$）

维度	大一 ① （$n=134$）	大二 ② （$n=260$）	大三 ③ （$n=259$）	大四 ④ （$n=12$）	F	LSD HOC
灵活与变通性	21.62±2.90	22.16±2.88	22.76±3.34	24.17±4.09	5.68***	①②<③④
标新立异性	22.66±3.59	23.22±3.07	23.79±3.77	25.08±5.95	4.22**	①<③④
批判性	18.33±3.22	18.50±2.68	18.90±2.83	19.50±4.72	1.79	
反思性	16.78±2.67	16.75±2.75	16.88±2.60	17.42±4.60	0.38	
创新精神主体方面	79.32±8.71	80.66±8.09	82.34±9.32	86.17±16.63	4.99**	①②<③④
教师支持	19.51±3.24	19.37±3.06	19.35±3.39	21.33±3.06	1.47	
大学课程	13.43±2.97	13.68±2.58	13.72±2.75	13.92±2.35	0.36	
同伴影响	17.16±2.70	17.38±2.53	17.27±2.93	18.00±3.46	0.42	
创新精神客体方面	50.11±6.69	50.47±5.79	50.29±6.86	53.25±6.14	0.91	
创新精神总分	129.49±13.46	131.06±11.96	132.66±14.43	139.42±21.60	3.13*	①<③ ①②<④

注：" * "表示 $p<0.05$，" ** "表示 $p<0.01$，" *** "表示 $p<0.001$；下同。

方差分析的结果显示，大学生创新精神的灵活与变通性、标新立异性、创新精神主体方面以及创新精神总分在年级上存在显著性差异。事后检验分析得到，大三、大四学生的灵活与变通性得分显著高于大一、大二学生的得分；大三、大四学生的标新立异性得分显著高于大一学生的得分；同时，大三、大四学生在创新精神主体方面的得分显著高于大一、大二学生的得分；大三学生创新精神总体得分显著高于大一学生的得分，大四学生的创新精神总分显著高于大一、大二学生的得分。调查分析结果说明各年级大学生在创新精神方面的表现存在较大差异，不同年级大学生创新精神的具体变化趋势如图 3.1 所示，大四学生的创新精神得分最高，大一学生的得分最低。

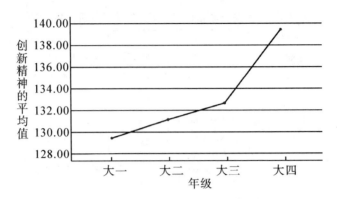

图 3.1　不同年级大学生创新精神的变化趋势

3. 大学生创新精神在专业类别上的差异分析

以创新精神主客体方面的各维度及总分为因变量、专业类别为自变量进行单因素方差分析，结果如表 3.4 所示。

表 3.4　大学生创新精神在专业类别上的差异分析（$M\pm$SD）

因变量	文史① ($n=131$)	理工② ($n=513$)	其他③ ($n=20$)	F	LSD
灵活与变通性	22.28±2.93	22.31±3.18	22.80±3.09	0.25	
标新立异性	22.57±3.20	23.51±3.62	24.75±3.18	5.26**	①<②③
批判性	18.44±2.85	18.72±2.92	17.85±2.62	1.25	
反思性	16.57±2.57	16.88±2.74	17.00±3.06	0.70	
创新精神主体方面	80.18±8.28	81.41±9.23	79.70±6.64	1.23	
教师支持	19.47±2.96	19.47±3.30	17.95±2.96	2.16	
大学课程	13.24±2.47	13.73±2.79	14.15±2.28	2.09	
同伴影响	17.20±2.83	17.36±2.70	16.60±3.27	0.87	
创新精神客体方面	50.20±5.66	50.54±6.59	47.00±5.63	3.00*	①②>③
创新精神总分	129.77±12.56	131.98±13.78	131.10±13.52	1.40	

方差分析结果显示，不同专业类别的大学生在创新精神各方面表现上的差异不一致，不同专业类别的大学生仅在创新精神的标新立异性维度上存在显著性差异，事后检验分析具体表现为理工类和其他类大学生的标新立异性得分显著高于文史类大学生。同时，不同专业类别的大学生在创新

精神客体方面得分存在显著性差异。事后检验分析得到，文史类和理工类大学生的创新精神客体方面得分显著高于其他类大学生。不同专业类别的大学生创新精神的变化趋势如图 3.2 所示，理工类大学生的创新精神总体得分最高，其他类大学生创新精神得分最低。

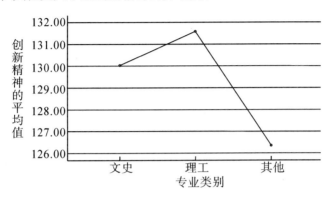

图 3.2 不同专业类型大学生创新精神的变化趋势

4. 大学生创新精神在家庭居住地上的差异分析

以创新精神主客体方面的各维度及总分为因变量、家庭居住地为自变量进行单因素方差分析，结果如表 3.5 所示。

表 3.5 大学生创新精神在家庭居住地上的差异分析（$M\pm SD$）

因变量	城市① ($n=59$)	区县② ($n=116$)	农村③ ($n=488$)	F	LSD
灵活与变通性	22.31±2.92	21.60±2.90	22.48±3.19	3.75*	②<③
标新立异性	23.36±3.67	22.82±3.16	23.48±3.61	1.63	
批判性	18.68±2.01	18.09±2.69	18.78±3.02	2.66	
反思性	16.78±2.54	16.12±2.56	17.00±2.75	4.93**	②<③
创新精神主体方面	80.37±8.45	78.91±8.18	81.77±9.17	5.05**	②<③
教师支持	19.29±3.17	19.58±2.89	19.41±3.32	0.19	
大学课程	13.37±2.56	13.34±2.71	13.76±2.74	1.41	
同伴影响	16.71±2.72	16.87±2.71	17.48±2.74	3.83*	①②<③
创新精神客体方面	49.22±6.25	49.87±5.73	50.66±6.58	1.79	
创新精神总分	130.49±13.17	128.43±12.37	132.38±13.77	4.22*	②<③

从方差分析结果可知,大学生创新精神主体方面的灵活与变通性、反思性两个子维度在家庭居住地上均存在显著性差异;大学生创新精神客体方面的同伴影响在家庭居住地上均存在显著性差异;同时,大学生创新精神主体方面得分、创新精神总分在家庭居住地上均存在显著性差异。事后检验表明,大学生创新精神的灵活与变通性、反思性两个维度及创新精神主体方面得分、创新精神总分均表现为农村大学生的创新精神得分显著高于区县大学生的得分;同伴影响维度则表现为农村大学生的得分显著高于区县和城市大学生的得分。不同家庭居住地大学生创新精神的变化趋势如图 3.3 所示,农村大学生的创新精神总体得分最高,区县大学生创新精神得分最低。

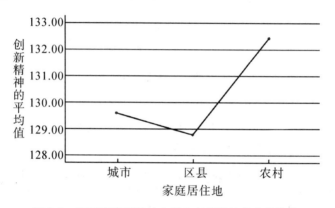

图 3.3 不同家庭居住地大学生创新精神的变化趋势

5. 大学生创新精神在是否有兼职经历上的差异分析

以创新精神主客体方面的各维度及总分为因变量、是否有兼职经历为自变量进行独立样本 t 检验,结果如表 3.6 所示。

表 3.6 大学生创新精神在是否有兼职经历上的差异分析($M\pm SD$)

因变量	是($n=431$)	否($n=231$)	t	P
灵活与变通性	22.50±3.11	21.96±3.11	2.14	0.033
标新立异性	23.56±3.57	22.96±3.42	2.11	0.036
批判性	18.86±2.97	18.21±2.73	2.75	0.006
反思性	16.96±2.76	16.56±2.62	1.81	0.071
创新精神主体方面	81.699.34	80.048.16	2.27	0.024

表3.6(续)

因变量	是（$n=431$）	否（$n=231$）	t	P
教师支持	19.49±3.14	19.27±3.41	0.84	0.402
大学课程	13.64±2.82	13.68±2.54	−0.16	0.871
同伴影响	17.50±2.75	16.92±2.69	2.63	0.009
创新精神客体方面	50.496.50	50.136.28	0.693	0.488
创新精神总分	132.52±13.92	129.55±12.58	2.70	0.007

统计分析结果显示，大学生创新精神的灵活与变通性、标新立异性、批判性、同伴影响四个子维度及创新精神主体方面得分、创新精神总分在是否有兼职经历上存在显著性差异。具体表现为有过兼职经历的大学生的创新精神得分显著高于没有兼职经历的大学生。

6. 大学生创新精神在班级环境上的差异分析

以创新精神主客体方面的各维度及总分为因变量、班级环境为自变量进行单因素方差分析，结果如表3.7所示。

表3.7 大学生创新精神在班级环境上的差异分析（M±SD）

因变量	团结奋进型① （$n=134$）	一般型② （$n=397$）	自由散漫型③ （$n=130$）	F	LSD
灵活与变通性	22.71±3.55	22.27±2.83	22.15±3.50	1.29	
标新立异性	23.90±3.97	23.26±3.36	23.15±3.65	1.95	
批判性	18.92±2.88	18.57±2.89	18.60±2.95	0.73	
反思性	17.37±2.90	16.71±2.57	16.58±2.89	3.68*	①>②③
创新精神主体方面	82.60±10.26	81.00±8.21	80.38±9.63	2.30	
教师支持	19.95±3.79	19.49±2.99	18.71±3.23	5.07**	①>②③
大学课程	14.36±2.62	13.58±2.65	13.16±2.91	6.89**	①②>③
同伴影响	17.74±2.58	17.28±2.74	16.93±2.86	2.92	
创新精神客体方面	51.57±6.79	50.53±6.09	48.84±6.71	6.28**	①②>③
创新精神总分	134.95±15.73	131.16±12.19	129.27±14.44	6.34**	①>②③

统计分析结果显示，大学生创新精神主体方面的反思性在不同班级环境上存在显著性差异；大学生创新精神客体方面的教师支持、大学课程两

个维度在不同班级环境上存在显著性差异；同时，不同班级环境中大学生的创新精神总分、大学生创新精神客体方面得分存在显著性差异。事后检验分析得到，团结奋进型班级环境中的大学生创新精神的反思性、教师支持维度得分及总分显著高于一般型和自由散漫型班级环境中的大学生；团结奋进型、一般型班级环境下的大学生创新精神的大学课程维度得分、创新精神客体方面得分显著高于自由散漫型的大学生。不同班级环境中大学生创新精神的变化趋势如图3.4所示，团结奋进型班级环境中大学生的创新精神总体得分最高，自由散漫型大学生创新精神得分最低。

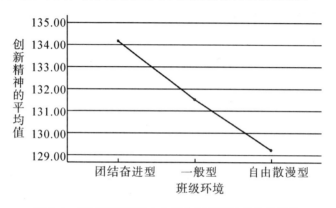

图3.4 不同班级环境中大学生创新精神的变化趋势

7. 大学生创新精神在每月生活消费水平上的差异分析

以创新精神主客体方面的各维度及总分为因变量、大学生的每月生活消费水平为自变量进行单因素方差分析，结果如表3.8所示。

表3.8 大学生创新精神在每月生活消费水平上的差异分析（$M±SD$）

因变量	<1 000元① （$n=205$）	1 000~<1 500元② （$n=387$）	1 500~<2 000元③ （$n=48$）	≥2 000元④ （$n=18$）	F	LSD HOC
灵活与变通性	22.38±3.21	22.41±3.05	22.08±3.31	20.67±3.14	1.90	
标新立异性	23.59±3.71	23.29±3.54	23.27±2.98	22.28±3.04	0.91	
批判性	18.72±3.06	18.69±2.92	17.77±2.15	19.11±2.22	1.69	
反思性	16.85±2.75	16.88±2.71	16.48±2.68	16.33±1.88	0.53	
创新精神主体方面	81.54±9.21	81.27±9.00	79.60±7.88	78.39±7.55	1.20	
教师支持	19.48±3.23	19.53±3.28	18.94±2.93	18.06±2.48	1.61	
大学课程	13.68±2.83	13.65±2.71	13.90±2.09	12.44±2.09	1.34	

表3.8(续)

因变量	<1 000元① (n=205)	1 000~1 500元② (n=387)	1 500~<2 000元③ (n=48)	≥2 000元④ (n=18)	F	LSD HOC
同伴影响	17.48±2.78	17.44±2.68	16.02±2.42	15.61±3.18	6.55***	③④<①②
创新精神客体方面	50.64±6.55	50.62±6.45	48.85±5.08	46.11±4.17	3.95**	④<①②
创新精神总分	132.18±14.14	131.89±13.44	128.46±11.00	124.50±9.51	2.74*	④<①②

统计分析结果显示,大学生创新精神主体方面各维度均不在每月生活消费水平上存在显著性差异,大学生创新精神客体方面的同伴影响在每月生活消费水平上存在显著性差异。同时,每月不同生活消费水平大学生的创新精神总分、大学生创新精神客体方面得分存在显著性差异。事后检验分析得到,每月生活消费水平在1 500元及以上的大学生创新精神的同伴影响维度得分显著低于每月生活消费水平在1 500元以下的大学生;每月生活消费水平在2 000元及以上的大学生创新精神总分、创新精神客体方面得分显著低于每月生活消费水平在1 500元以下的大学生。每月不同生活消费水平的大学生创新精神的变化趋势如图3.5所示,每月消费水平在1 000元以下的大学生的创新精神总体得分最高,每月消费水平在2 000元及以上的大学生的创新精神得分最低。

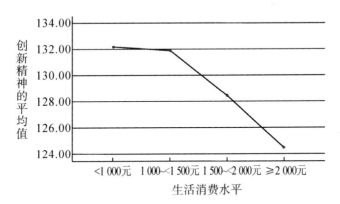

图3.5　每月不同生活消费水平的大学生创新精神的变化趋势

三、小结与讨论

通过对大学生创新精神状况的研究，本书得到以下结论：

一是大学生的创新精神总体上趋于中等水平。这与前人的研究结果一致（秦虹 等，2006；刘红 等，2011）。在大学生创新精神主体方面，批判性维度得分最低，说明大学生在对前人和自己的已成定论的观点和结论等进行质疑、批评、纠正甚至否定的能力较缺乏；同时，在反思性维度上的得分最高，说明大学生对自己的思维过程、思维方法、解题过程、解题方法和思维结果、解题结果进行再思考的能力相对较好。在大学生的创新精神客体方面，同伴影响维度的题平均得分最高，说明大学生创新精神受同伴的影响较大，大学生的同学、朋友对创新的认识和态度普遍较好。调查研究结果表明，当前大学生在创新意识方面还有待提高，同时大学生创新意识方面表现出不同的特点，在不同角度和领域的创新意识表现不一致。

二是大学生创新精神的灵活与变通性、标新立异性和大学课程三个维度及总分在性别上存在显著性差异，具体表现为男大学生的创新精神的得分高于女大学生。这与前人的研究结果一致（王洪礼 等，2011）。究其原因，这与男女不同的思维方式，以及社会对男女生的不同期望有关。传统社会文化要求男生更加独立自强，对他们的探索行为给予较多的宽容，赋予男生更大的责任和希望，而对女性的要求则相对较低，从而使得男性比女性更富有创新精神。

三是大学生创新精神的灵活与变通性、标新立异性及创新精神总分在年级上存在显著性差异。事后检验表明，低年级大学生的创新精神得分要显著低于高年级大学生的创新精神，说明各个年级大学生在创新精神一些维度上表现出不同程度的差异。究其原因，大一的学生刚刚经历高考的紧张氛围，创造性思维的潜能还没有被激发，大二的学生过了大一的新鲜感，开始对大学生活及未来或有所期待、或有些迷茫，而大三大四的学生相对于大一大二的学生，他们已经适应了学校的基本生活，又积累了丰富的文化知识，对事物、人已经有自己的看法和独特的见解，因此大三大四学生的创新精神得分相对较高。

四是大学生创新精神的标新立异性维度在专业类别上存在显著性差异，具体表现为文史类的标新立异性得分显著低于理工类和其他类。这与以往的研究结果一致。我国国民经济现正处于快速发展的阶段，国家从提出科教兴国、建立国家创造体系，到国家科技创新规划，都在强调科技创新，这十分有利于激励理工类的大学生进行创新，因此理工类的大学生表现出了较高的创新精神。此外，有利于经济发展的自然科学也因受到重视而发展迅速，但一些人文科学的发展相对滞后，这种人文科学和自然科学的不平衡发展影响了文史类学生的创新意识发展，因此文史类的大学生的创新精神处于相对较低的水平上。

五是大学生创新精神的灵活与变通性、反思性、同伴影响三个维度及总分在家庭居住地上均存在显著性差异。事后检验表明，大学生创新精神的灵活与变通性、反思性两个维度及总分表现为农村大学生的得分显著高于区县大学生的得分；同伴影响维度表现为农村大学生的得分显著高于区县和城镇大学生的得分。总体来说，农村大学生的创新精神较高，这与杨通宇（2006）关于创新精神的研究结果一致。城市家庭培养出来的大学生得到了更多的关注与指导，却缺少了自主发展的机会，这在一定程度上限制了其自身的发展。农村大学生则不同，较早地独立生活，使其对事情的各种应变能力较强，同时，所受家庭教育多是放养式教育，因此他们在认知方面更善于反思。

六是工作上的兼职经历对大学生的创新精神有较大影响，大学生创新精神的灵活与变通性、标新立异性、批判性、同伴影响四个维度及总分在是否有兼职经历上存在显著性差异。其具体表现为有过兼职经历的大学生的创新精神得分显著高于没有兼职经历的大学生。以往也有研究表明：培养学生的创新能力和创业能力往往是许多专业课程和实践培训的综合体现，有过兼职经历的大学生会在实践中运用所学理论，同时又在实践中收获新的知识能更直观地感受到创新的魅力。因此在实践工作中得到了更多的锻炼，在创新精神方面也得到了更好的发展。

七是班级环境这一特殊变量对大学生的创新精神发展也是非常重要的，大学生创新精神的反思性、教师支持、大学课程三个维度及总分在班级环境上存在显著性差异。其具体表现为团结奋进型环境下的大学生创新精神的反思性、教师支持维度得分及总分显著高于一般型和自由散漫型的大学生，团结奋进型、一般型班级环境下的大学生创新精神的大学课程维度得分显著高于自由散漫型的大学生。团结奋进型班级教师愿意花更多的精力和时间去教导学生，倾听学生的想法，因此团结奋进型班级的氛围更有利于学生创新及反思自我。

八是大学生创新精神的同伴影响维度及总分在每月生活消费水平上存

在显著性差异。事后检验表明，每月生活消费水平在 1 000 元、1 000~1 500 元的大学生创新精神的同伴影响维度得分显著高于每月生活消费水平在 1 500 元及以上的大学生；每月生活消费水平在 1 000 元以下和 1 000~1 500 元的大学生创新精神总分显著高于每月生活消费水平在 1 500 元及以上的大学生。人在不同时期会有不同的需要占主导地位，而正是这些需要决定了人的行为。作为刚步入社会的大学生，对赚取财富、获得一定的经济实力这一基本的需求是不会消失的，但每月生活消费水平在 1 500 元以下的大学生获得经济实力的欲望更强烈，因此得分比每月生活消费水平在 1 500 元及以上的更高。

第四章 大学生创业意识状况调查

一、创业意识研究概述

郭必裕等学者（2002）提出，创业意识是指个体根据社会和自身发展的需要引发的创业动机和意愿，是从事创业活动的出发点和内驱力。创业意识集中表现在创业素质中的社会性质，它支配着创业者对创业活动的态度和行为，是创业素质的组成部分。袁泉（2008）指出，创业意识是创业实践的诱因和动力，是大学生面临竞争必须具备的意识。创业意识可能是灵光一闪，也可能是厚积薄发。创业意识支配和孕育发生的创业活动对个人以至民族的发展有着重大的意义。本书认为创业意识是指在创业实践活动中对创业者有动力作用的个性意识倾向，包括创业的动机、需要、理想、兴趣和信念等要素。

郝春东等人（2014）的研究结果表明，大学生的外显自尊与创业意识总分、创业情感体验意识维度、创业需要和动机意识维度、创业价值意识维度极其显著。万凤艳（2009）的研究显示，创业需要和动机意识与自我实现呈显著正相关；创业价值意识与生活方式呈极其显著负相关；创业风险意识与社会价值和稳定舒适呈十分显著负相关，与尊重需求满足呈显著负相关，其他各因素间的相关性则不显著。林叶（2014）的研究结果显示，大学生创业意识整体水平为中等。不同性别、年级、专业的大学生的创业意识存在不同程度显著差异。杨燕红（2014）的研究表明，个体的自我效能感会影响个体创业意识的形成，由回归分析可知两者之间存在因果关系。

二、大学生创业意识状况

（一）大学生创业意识的总体现状分析

对创业意识各维度进行描述统计，具体结果见表4.1。

表4.1　大学生创业意识现状

维度	最小值	最大值	均值	标准差	题均分
创业主动性	4.00	20.00	12.34	3.67	3.09
创业渴望	4.00	20.00	13.60	3.19	3.40
创业支持感	5.00	25.00	16.11	3.48	3.22
创业回避	4.00	20.00	11.76	3.30	3.17
创业承担	3.00	15.00	10.18	2.31	3.39
创业意识总分	26.00	96.00	64.90	10.32	3.25

结果显示，大学生的创业意识的总体平均分略高于中间值，也就是说，大学生的创业意识总体处于中等水平。其中，大学生创业意识中创业渴望的得分最高，平均分为3.40，而大学生创业意识中的创业主动性得分最低，平均分仅为3.09。

（二）大学生创业意识在人口学变量上的差异分析

1. 大学生创业意识在性别上的差异分析

以大学生创业意识各维度及总分为因变量、性别为自变量进行独立样本t检验，结果如表4.2所示。

表4.2　大学生创业意识在性别上的差异分析（$M\pm SD$）

因变量	男（$n=259$）	女（$n=406$）	t	P
创业主动性	12.76±3.65	12.07±3.66	2.37	0.018
创业渴望	13.80±3.27	13.47±3.13	1.31	0.191
创业支持感	16.47±3.37	15.87±3.53	2.19	0.029
创业回避	11.57±3.38	11.88±3.25	−1.17	0.244
创业承担	10.54±2.16	9.94±2.37	3.30	0.001
创业意识总分	66.19±10.05	64.07±10.43	2.60	0.010

结果显示，大学生创业意识的创业主动性、创业支持感、创业承担三个维度及创业意识总分在性别上存在显著差异，具体表现为男大学生的创业意识得分显著高于女大学生。

2. 大学生创业意识在年级上的差异分析

以大学生创业意识各维度及总分为因变量、年级为自变量进行单因素方差分析，结果如表4.3所示。

表4.3 大学生创业意识在年级上的差异分析（$M±\text{SD}$）

因变量	大一① ($n=135$)	大二② ($n=259$)	大三③ ($n=259$)	大四④ ($n=12$)	F	LSD
创业主动性	12.95±3.58	12.45±3.59	11.98±3.70	11.75±4.77	2.17	
创业渴望	13.66±2.90	13.70±3.35	13.49±3.07	13.33±5.12	0.22	
创业支持感	16.20±3.05	15.96±3.49	16.25±3.64	15.25±4.31	0.57	
创业回避	11.87±3.28	11.98±3.17	11.60±3.39	9.33±3.75	2.84*	④<①②③
创业承担	10.15±2.21	10.29±2.26	10.09±2.09	10.00±2.09	0.36	
创业意识总分	65.76±9.91	64.91±10.01	64.46±10.67	64.50±14.26	0.47	

方差分析结果显示，大学生创业意识中的创业回避在年级上存在显著差异，大四学生的创业回避显著低于大一、大二、大三学生的创业回避。各年级大学生创业意识的具体变化趋势如图4.1所示，大一学生的创业意识得分最高，大三学生的创业意识得分最低。

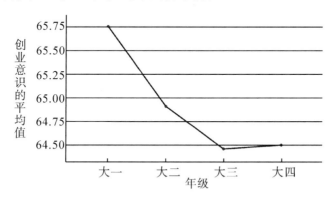

图4.1 不同年级大学生创业意识的变化趋势

3. 大学生创业意识在专业类别上的差异分析

以大学生创业意识各维度及总分为因变量、专业类别为自变量进行单因素方差分析，结果如表4.4所示。

表4.4　大学生创业意识在专业类别上的差异分析（M±SD）

因变量	文史①（n=131）	理工②（n=512）	其他③（n=20）	F	LSD
创业主动性	12.15±3.48	12.35±3.75	13.40±2.70	1.01	
创业渴望	13.14±3.21	13.66±3.18	15.30±2.66	4.34*	①②<③
创业支持感	15.69±3.49	16.21±3.48	16.10±3.35	1.20	
创业回避	12.20±3.18	11.65±3.33	11.30±3.05	1.62	
创业承担	9.87±2.24	10.23±2.32	10.95±2.31	2.42	
创业意识总分	63.78±10.44	65.15±10.33	66.10±6.32	2.77	

结果显示，大学生创业意识的创业渴望维度在专业类别上存在显著性差异。事后检验表明，文史类和理工类的大学生创业渴望维度的得分显著低于其他类。不同专业类型大学生创业意识的具体变化趋势如图4.2所示，其他类专业大学生的创业意识得分最高，文史类大学生的创业意识得分最低。

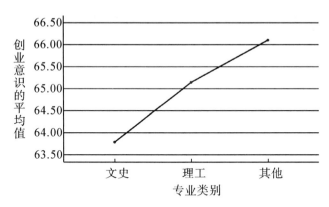

图4.2　不同专业类型大学生创业意识的变化趋势

4. 大学生创业意识在家庭居住地上的差异分析

以大学生创业意识各维度及总分为因变量、家庭居住地为自变量进行单因素方差分析，结果如表4.5所示。

表 4.5　大学生创业意识在家庭居住地上的差异分析（$M\pm$SD）

因变量	城市① （$n=59$）	区县② （$n=116$）	农村③ （$n=488$）	F	LSD
创业主动性	11.75±3.94	11.97±3.17	12.51±3.74	1.89	
创业渴望	13.42±3.36	12.95±3.10	131.79±3.15	3.41*	②<③
创业支持感	15.32±2.94	16.31±3.14	16.16±3.61	1.75	
创业回避	11.86±3.62	12.07±2.93	11.68±3.34	0.68	
创业承担	9.46±2.49	10.01±1.88	10.30±2.36	3.94*	①<②
创业意识总分	62.27±9.90	63.67±8.92	65.48±10.62	3.13*	①<③

分析结果显示，大学生创业意识的创业渴望、创业承担及创业意识总分在家庭居住地上存在显著性差异。事后检验表明，家庭居住地在农村的大学生的创业渴望得分显著高于家庭居住地是区县的大学生；家庭居住地在城市的大学生的创业承担得分显著低于家庭居住地是区县的大学生；农村大学生创业意识总分显著高于城市大学生的创业意识。不同家庭居住地的大学生创业意识的具体变化趋势如图 4.3 所示，家庭居住地是农村的大学生的创业意识得分最高，家庭居住地来自城市的大学生的创业意识得分最低。

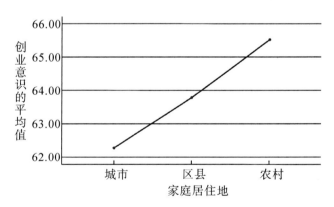

图 4.3　不同家庭居住地的大学生创业意识的变化趋势

5. 大学生创业意识在是否有兼职经历上的差异分析

以大学生创业意识各维度及总分为因变量、是否有兼职经历为自变量进行独立样本 t 检验，结果如表 4.6 所示。

表 4.6　大学生创业意识在是否有兼职经历上的差异分析（M±SD）

因变量	是（N1=431）	否（N2=231）	t	P
创业主动性	12.72±3.65	11.64±3.62	3.63	0.000
创业渴望	13.72±3.17	13.38±3.21	1.29	0.196
创业支持感	16.26±3.54	15.83±3.35	1.50	0.135
创业回避	11.68±3.48	11.94±2.916	−0.99	0.319
创业承担	10.23±2.38	10.07±2.14	0.83	0.405
创业意识总分	65.64±10.46	63.49±9.92	2.56	0.011

分析结果显示，大学生创业意识中的创业主动性及创业意识总分在是否有兼职经历上存在显著差异，具体表现为有过兼职经历的大学生在创业主动性、创业意识总分上均显著高于没有兼职经历的大学生。

6. 大学生创业意识在班级环境上的差异分析

以大学生创业意识各维度及总分为因变量、班级环境为自变量进行单因素方差分析，结果如表 4.7 所示。

表 4.7　大学生创业意识在班级环境上的差异分析（M±SD）

因变量	团结奋进型① （n=134）	一般型② （n=397）	自由散漫型③ （n=130）	F	LSD
创业主动性	13.01±3.73	12.36±3.62	11.65±3.68	4.58*	①>③
创业渴望	14.06±3.24	13.49±3.12	13.50±3.35	1.69	
创业支持感	16.58±3.44	16.15±3.35	15.49±3.88	3.31*	①>③
创业回避	11.33±3.32	11.80±3.29	12.09±3.35	1.81	
创业承担	10.67±2.29	10.17±2.16	9.68±2.65	6.12**	①>②③ ②>③
创业意识总分	66.70±9.41	65.05±10.30	62.75±11.06	4.93**	①②>③

分析结果显示，大学生创业意识的创业主动性、创业支持感、创业承担三个维度及创业意识总分在班级环境类型上存在显著性差异。事后检验表明，自由散漫型班级环境中大学生的创业主动性、创业支持感得分均显著低于团结奋进型班级环境中的大学生；团结奋进型班级环境中的大学生的创业承担得分显著高于一般型、自由散漫型班级环境中的大学生，一般型班级环境中的大学生的创业承担得分显著高于自由散漫型班级中的大学

生；团结奋进型、一般型班级环境中的大学生的创业意识总分均显著高于自由散漫型班级中的大学生。不同班级环境类型中大学生创业意识的具体变化趋势如图4.4所示，团结奋进型班级环境中的大学生的创业意识得分最高，自由散漫型班级环境中的大学生的创业意识得分最低。

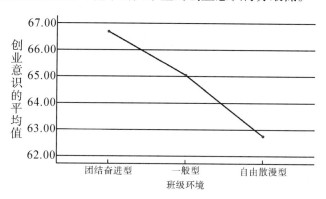

图4.4 不同班级环境类型中大学生创业意识的变化趋势

7. 大学生创业意识在每月生活消费水平上的差异分析

以大学生创业意识各维度及总分为因变量、大学生的每月生活消费水平为自变量进行单因素方差分析，结果如表4.8所示。

表4.8 大学生创业意识在每月生活消费水平上的差异分析（$M\pm SD$）

因变量	<1 000元① (n=205)	1 000~<1 500元② (n=387)	1 500~<2 000元③ (n=48)	≥2 000元④ (n=18)	F
创业主动性	12.48±3.60	12.16±3.79	12.90±3.16	12.78±3.67	0.86
创业渴望	13.50±3.38	13.58±3.09	13.71±3.18	15.22±3.14	1.64
创业支持感	16.37±3.52	15.92±3.48	16.31±3.44	16.72±3.14	1.00
创业回避	11.64±3.40	11.85±3.34	11.81±2.90	11.22±3.14	0.34
创业承担	10.23±2.37	10.17±2.26	10.15±2.32	10.11±2.40	0.50
创业意识总分	65.24±10.90	64.55±10.13	65.63±8.52	67.00±12.40	0.55

结果显示，每月不同生活消费水平的大学生在创业意识各维度及总分均不存在显著性差异。每月不同生活消费水平大学生创业意识的具体变化趋势如图4.5所示，每月生活消费水平2 000元及以上的大学生的创业意识得分最高，而每月生活消费水平在1 000~1 500元的大学生的创业意识得分最低。

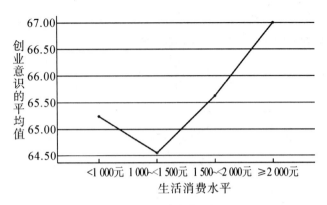

图 4.5　每月不同生活消费水平大学生创业意识的变化趋势

三、小结与讨论

通过对大学生创业意识状况的研究，本书得到以下结论：

一是大学生的创业意识各维度的题平均得分略高于中间值，也就是说，总体处于中等水平以上，大学生在创业方面的意识还有待提高。这与以往的研究结果一致（林叶，2014）。大学生由于缺乏各种创新创业的培训，对创业知识知之甚少，加上没有更多的基础与资本去进行创业，因此当前大学生的创业意识相对不是太高。从调查结果来看，大学生创业意识的创业主动性、创业支持感、创业承担三维度及总分在性别上存在显著性差异，具体表现为男大学生的创业意识得分显著高于女大学生的得分。这与郝春东（2014）、万凤艳（2009）等人关于大学生创业意识不存在性别差异的研究结果不一致，但与林叶（2014）的研究结果一致。周广亚（2018）对大学生的调查结果表明男大学生的创业意向高于女大学生，姚禹含（2020）的研究也得到男大学生的创业意愿要显著高于女大学生，林叶（2014）研究表明女大学生在创业行为态度和创业主观规范方面的得分显著程度均低于男大学生，其认为原因与社会对女性的性别角色定位有关。

在中国社会传统文化和传统观念的认知中，男性在事业上被赋予更多、更大的责任，社会观念中更多的社会责任需要男性来承担。同时从小型生态环境"家庭"的角度来讲，男性更关注于自己的事业，即财务和事业的成功，而对家庭的关心、工作和家庭的平衡更多是女性关注的问题，因此中国的家庭观念中会习惯性地将女性社会角色定位在家庭上，男性的创业行业更容易被社会认可。同时，在日趋激烈和压力剧增的就业竞争环境下，企业家的收入在一般群体中都是处于较高水平的，男性为了实现自己经济地位和社会地位的提升和高额回报，会更多地去选择创业这一重要途径来更好地解决自己所承担的家庭和社会的责任。因此男性具有相对更高水平的创业需求，男大学生的创业意愿在多方面都表现出比女大学生高。

二是大学生创业意识各维度及总分在年级上均存在显著差异，但从总体趋势来看，大一学生的创业意识最高，而大三大四学生的创业意识相对较低。一方面，大学生群体所处的学习生活环境的相对稳定性、客观环境在四年的大学生活没有明显的改变；另一方面，大学是一个群体式的交际环境，会存在班级效应好、宿舍效应且很多被试会受到创业的失败污名效应的影响而产生创业回避，会使个体产生从众心理。所以不同年级大学生创业意识没有明显的改变。

三是大学生创业意识的创业渴望维度在专业类别上存在显著差异。事后检验表明，其他类型的大学生创业渴望维度的得分显著高于文史类和理工类。从个体就业环境的稳定性来看，文科生的就业方向相对稳定，自我实现的需要容易得到满足，就会有安于现状的思想，同时，一般来说文科生的性格更加内敛、思维谨慎，因此更加倾向于相对稳定的工作，创业意识也更低。

四是家庭居住地在区县的大学生创业渴望得分显著低于农村的大学生；家庭居住地在城市的大学生创业承担得分显著低于区县的大学生；家庭居住地在城市的大学生创业意识得分显著低于农村的大学生。这与万凤艳（2009）关于创业意识的研究结果一致。农村与城市大学生在家庭条件、背景以及家庭教育方面都存在很大的差异，农村大学生家庭基础条件相对较差，没有更多的资源去为自己的就业提供支持与帮助，他们只有通过努力创业才能有更大的机会去给自己获得更多的资源与发展，因此农村大学生的创业意识较强。

五是有过兼职经历的大学生创业主动性、创业意识总分显著高于没有兼职经历的大学生，研究结果说明有兼职的经历让大学生会有更好的感性认识，从而对如何更好地创业有更多的了解，进而能产生更强的创业意识。这与前人的研究结果一致（万凤艳，2009），做过兼职的个体经历了找工作失败的情感体验，与没做过兼职的个体相比更能感受到职业压力所带来的挫败感，所以在职业取向上会更倾向于创业。因此，做过兼职的大学生比没做过兼职的大学生更具有明显的创业意识。

六是大学生创业意识的创业主动性、创业支持感、创业承担三维度及总分在班级环境上存在显著性差异。事后检验表明，团结奋进型班级环境的大学生创业主动性、创业支持感得分显著高于自由散漫型班级环境的大学生；团结奋进型班级环境的大学生创业承担得分显著高于一般型、自由散漫型班级环境的大学生，一般型班级环境的大学生创业承担得分显著高于自由散漫型班级环境的大学生；团结奋进型、一般型班级环境的大学生创业意识得分显著高于自由散漫型班级环境的大学生。出现这一结果的原因是：首先，班级之间会存在班级效应，会使群体产生从众心理。其次，团结奋进型的班级环境，有较大的集体凝聚力，个体的自尊需求会得到满足，能够发挥自己的创造力，有比较强的创业意识；而一般型的班级环境虽然凝聚力没有团结奋进型的班级环境强，但个体对客观现实能有一个比较好的评判，因此也能满足对自身的自我实现需求，也会有一定的创业意识。相对于前面两个类型的班级环境，自由散漫型班级环境凝聚力弱，个体追求满足生理需要和安全需要（工作安稳），对低级需要表现比较强烈，创业意识很薄弱。所以，不同的班级环境在创业意识上有明显的区别。

七是大学生创业意识各维度及总分在每月生活消费水平上均不存在显著性差异。该结果说明，大学群体进入大学后消费的经济来源与高中相比没有明显的变化且大学生活的学习生活较稳定，这就决定了个体在消费水平上差异不大，他们的消费需求大多都能得到很好的满足，对经济不会有太强烈渴望，从而创业意识差异不大，每月不同生活消费水平大学生的创业意识没有明显的改变。

第五章 大学生创业动机状况调查

一、创业动机研究概述

创业动机是激发、维持、调节人们从事创业活动的一种"内部心理过程"或"内在动力",它引导创业活动始终朝着某一方向或奔向某一目标(曾照英、王重鸣,2009)。创业动机可以理解为驱动个体进行创业活动的"动力"或"心理倾向",是个体之于环境影响下的产物,是一种将自己的"创业意向"付诸具体行动的一种特殊的心理状态(段锦云 等,2012)。创业动机可以理解为"激发、引起、维持、调节人们自主从事创业活动的一种'内部心理过程'或'内在原始驱动',它使得'创业活动'始终朝着某一方向或目标前进"(黄婷婷,2014),是令个体产生创业想法,并受此驱动进行创业行为的内部心理动力(周盼佳,2016)。

关于创业动机理论的研究,国内学者高日光等(2009)基于心理结构对当代大学生的创业动机进行了研究,提出"自我实现""社会支持""追名求富"和"家庭影响"的四因素模型。还有研究者认为创业是创新并使之商业化的过程,并由"经济动机"和"社会动机"两个维度组成概念模型(刘瑛,2011)。大学生的创业动机特征可以分为"低级需求动机""中级需求动机"和"高级需求动机"三因素结构(朱贺玲 等,2011)。同时也有研究划分为"成就导向""独立导向""生活导向"三个维度(李娟,2007)。不同学科的研究者从各自的学科领域出发,从管理学、经济学、心理学等角度去探索提出了不同的看法。

社会支持、文化氛围、家庭与教育环境等诸多社会因素都会对大学生创业动机的形成产生重要影响,而个体对自己能力、人格特征以及创业理念等方面的认知则影响着个体是否决定创业。

二、大学生创业动机状况

（一）大学生的创业动机总体现状分析

对创业动机进行描述性统计分析，结果见表 5.1。

表 5.1　大学毕业生创业动机描述统计

维度	冒险敢为	自我实现	追名求富	社会支持	创业动机
平均值	17.79	17.50	14.35	15.76	65.41
标准差	3.14	3.68	3.15	3.69	11.18
题均分	3.56	3.50	3.59	3.15	3.44

从创业动机各维度及总分的得分情况分析得出，大学生的创业动机总体处于中等偏上水平，具体来看大学生创业动机中的追名求富动机的得分最高，而大学生创业动机中的社会支持动机得分最低。

（二）大学生创业动机在人口学变量上的差异分析

1. 大学生创业动机在性别上的差异分析

以大学生创业动机各维度及总分为因变量、性别为自变量进行独立样本 t 检验，结果见表 5.2。

表 5.2　大学生创业动机在性别上的差异检验（M ±SD）

因变量	男生（$n=259$）	女生（$n=406$）	t	p
冒险敢为	18.02 ±3.24	17.65 ±3.07	1.46	0.144
自我实现	17.77 ±3.66	17.33 ±3.70	1.51	0.131
追名求富	14.44 ±3.27	14.30 ±3.07	0.55	0.582
社会支持	16.49 ±3.57	15.29 ±3.70	4.12	0.000
创业动机总分	66.71 ±11.51	64.57 ±10.90	2.42	0.016

研究结果显示，大学生创业动机中的社会支持及创业动机总分在性别上均存在显著差异，男大学生的创业社会支持和创业动机总分要显著高于女大学生。

2. 大学生创业动机在年级上的差异分析

以创业动机各维度及总分为因变量、不同年级为自变量进行单因素方差分析，结果见表5.3。

表5.3　大学生创业动机在年级上的差异检验（M ±SD）

因变量	大一① (n=135)	大二② (n=259)	大三③ (n=259)	大四④ (n=12)	F	p
冒险敢为	17.64 ±3.07	18.03 ±3.03	17.59 ±3.23	18.58 ±4.32	1.19	0.311
自我实现	17.68 ±3.53	17.80 ±3.53	17.15 ±3.77	16.79 ±5.88	1.60	0.188
追名求富	14.35 ±2.96	14.57 ±2.94	14.15 ±3.36	14.08 ±4.68	0.79	0.498
社会支持	15.37 ±3.84	16.10 ±3.52	15.58 ±3.69	16.50 ±5.16	1.58	0.192
创业动机总分	65.05 ±10.70	66.50 ±10.44	64.48 ±11.66	65.95 ±18.89	1.47	0.221

单因素方差分析结果得到，不同年级的大学生在创业动机各维度及总分均不存在显著性差异。不同年级大学生的创业动机总体的变化趋势如图5.1所示，大二学生的创业动机总体得分最高，大三学生创业动机得分最低。

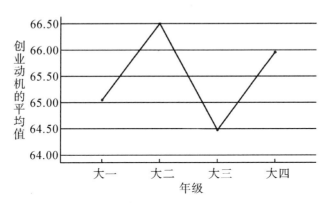

图5.1　不同年级大学生创业动机的变化趋势

3. 大学生创业动机在专业类别上的差异分析

以创业动机各维度及总分为因变量、专业类别为自变量进行方差分析，结果见表5.4。

表 5.4　大学生创业动机在专业类型上的差异检验（M ±SD）

因变量	文科① （n = 131）	理工科② （n = 512）	其他③ （n = 20）	F	p
冒险敢为	17. 43 ±2. 90	17. 88 ±3. 18	18. 15 ±3. 67	1. 21	0. 298
自我实现	16. 87 ±3. 84	17. 62 ±3. 63	18. 30 ±3. 23	2. 70	0. 068
追名求富	14. 03 ±3. 24	14. 40 ±3. 13	15. 25 ±3. 13	1. 56	0. 210
社会支持	15. 63 ±3. 57	15. 74 ±3. 72	17. 10 ±3. 63	1. 41	0. 246
创业动机总分	63. 96 ±11. 30	65. 65 ±11. 12	68. 80 ±11. 75	2. 15	0. 118

单因素方差分析结果得到，不同专业类型的大学生在创业动机的各维度及总分上均不存在显著性差异。不同专业类型大学生的创业动机总体的变化趋势如图 5.2 所示，其他类专业类型大学生的创业动机总体得分最高，文史类大学生创业动机得分最低。

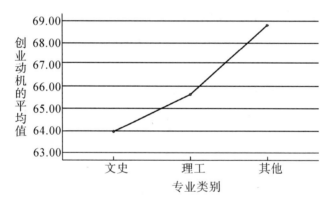

图5.2　不同专业类型大学生创业动机的变化趋势

4. 大学生创业动机在家庭居住地上的差异分析

以创业动机各维度及总分为因变量、家庭居住地为自变量进行方差分析，结果见表5.5。

表 5.5　大学生创业动机在家庭居住地上的差异检验（M ±SD）

因变量	城市① （n = 59）	区县② （n = 116）	农村③ （n = 488）	F	p	LSD
冒险敢为	17. 53 ±3. 23	17. 21 ±2. 87	17. 96 ±3. 19	2. 94	0. 054	
自我实现	17. 02 ±3. 75	17. 10 ±3. 31	17. 65 ±3. 76	1. 58	0. 207	

因变量	城市① （$n=59$）	区县② （$n=116$）	农村③ （$n=488$）	F	p	LSD
追名求富	14.09 ±2.97	13.66 ±3.00	14.54 ±3.18	3.91	0.020	③>②
社会支持	15.51 ±3.83	15.56 ±3.22	15.84 ±3.78	0.41	0.667	
创业动机总分	64.15 ±11.71	63.54 ±9.94	65.99 ±11.36	2.67	0.070	

单因素方差分析结果得到，大学生创业动机中的"追名求富"动机在家庭居住地上存在显著性差异（$P<0.05$），具体的事后检验得到农村大学生在创业动机的追名求富维度上的得分要显著高于区县大学生。不同家庭居住地大学生创业动机总体的变化趋势如图5.3所示，农村大学生的创业动机总体得分最高，区县大学生创业动机得分最低。

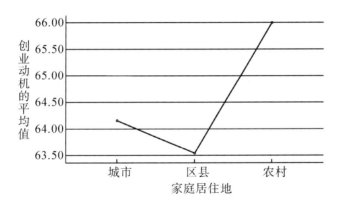

图 5.3　不同家庭居住地大学生创业动机的变化趋势

5. 大学生创业动机在是否有兼职经历上的差异分析

以创业动机各维度及总分为因变量、是否有兼职经历为自变量进行独立样本 t 检验，结果见表5.6。

表 5.6　大学生创业动机在是否有兼职经历上的差异检验（M ±SD）

因变量	兼职（$n=431$）	不兼职（$n=232$）	t	p
冒险敢为	18.00 ±3.13	17.37 ±3.11	2.50	0.013
自我实现	17.75 ±3.65	17.03 ±3.72	2.38	0.017
追名求富	14.52 ±3.16	14.00 ±3.09	2.02	0.044

表5.6(续)

因变量	兼职（$n=431$）	不兼职（$n=232$）	t	p
社会支持	16.10±3.60	15.11±3.79	3.32	0.001
创业动机总分	66.37±10.98	63.51±11.31	3.16	0.002

独立样本 t 检验分析结果得到，大学生的创业动机各维度及总分均在是否有兼职经历上存在显著差异，具体表现为有兼职经历的大学生在创业动机各维度及总分上均显著高于没有兼职经历的大学生。

6. 大学生创业动机在班级环境上的差异分析

以创业动机各维度及总分为因变量、不同班级环境类型为自变量进行方差分析，结果见表5.7。

表 5.7　大学生创业动机在班级环境上的差异检验（M±SD）

因变量	团结奋进型① （$n=131$）	一般型② （$n=512$）	自由散漫型③ （$n=20$）	F	LSD
冒险敢为	18.56±3.39	17.68±3.03	17.38±3.14	5.48**	①>②③
自我实现	18.20±3.92	17.42±3.53	17.10±3.83	3.33*	①>②③
追名求富	14.97±3.38	14.15±3.05	14.38±3.14	3.40*	①>②
社会支持	16.41±3.58	15.70±3.60	15.29±4.03	3.19*	①>③
创业动机总分	68.14±11.96	64.95±10.78	64.15±11.26	5.24**	①>②③

单因素方差分析结果得到，大学生创业动机各维度及总分在班级环境上均存在显著性差异。具体的事后检验得到，在大学生创业动机的冒险敢为、自我实现的维度上，团结奋进型班级环境中大学生的得分显著高于一般型和自由散漫型班级环境中的大学生；在创业动机的追名求富维度上团结奋进型班级环境中的大学生得分显著高于一般型班级环境中大学生；在创业动机的社会支持维度上团结奋进型班级环境中的大学生得分显著高于自由散漫型班级环境中的大学生。同时，团结奋进型班级环境中大学生的创业动机总分显著高于一般型和自由散漫型班级环境中大学生的创业动机。不同班级环境中大学生的创业动机总体的变化趋势如图5.4所示，团结奋进型班级环境中大学生的创业动机总体得分最高，自由散漫型班级环境中大学生创业动机得分最低。

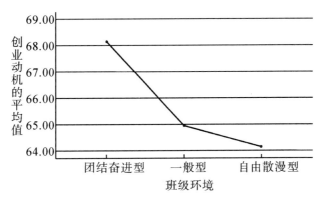

图 5.4　不同班级环境中大学生创业动机的变化趋势

7. 大学生创业动机在每月生活消费水平上的差异分析

以创业动机各维度及总分为因变量、大学生的每月生活消费水平为自变量进行单因素方差分析，结果如表 5.8 所示。

表 5.8　大学生创业动机在每月生活消费水平上的差异分析（$M\pm SD$）

因变量	<1 000元① （$n=205$）	1 000~<1 500元② （$n=387$）	1 500~<2 000元③ （$n=48$）	≥2 000元④ （$n=18$）	F
冒险敢为	18.08±3.22	17.70±3.06	17.48±3.24	17.78±4.05	0.84
自我实现	17.64±3.66	17.43±3.72	17.71±3.41	17.33±4.50	0.22
追名求富	14.44±3.14	14.32±3.12	14.38±3.22	14.33±3.85	0.07
社会支持	15.70±3.94	15.72±3.50	16.13±3.98	16.28±4.56	0.31
创业动机总分	65.86±11.78	65.16±10.74	65.69±11.01	65.72±15.27	0.19

单因素方差分析结果显示，每月不同生活消费水平的大学生在创业动机各维度及总分均不存在显著差异。每月不同生活消费水平大学生的创业动机总体的变化趋势如图 5.5 所示，每月生活消费水平在 1 000 元以下的大学生的创业动机总体得分最高，而每月生活消费水平在 1 000~1 500 元的大学生创业动机得分最低。

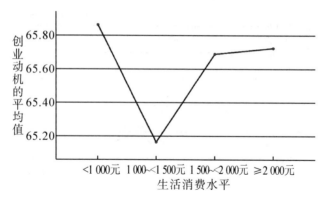

图 5.5　每月不同生活消费水平大学生创业动机的变化趋势

三、小结与讨论

通过对大学生创业动机状况的研究，本书得到以下结论：

一是大学生创业动机在社会支持方面最好，而冒险敢为方面最差，这与黄婷婷（2014）的研究结果一致。研究结果表明大学生在当前提倡"双创"的大环境下，在学校的日常生活中所得到的如创业的政策法规、知识技能及周边人际资源等方面所获得的社会性支持还是比较多的。但是毕竟大学生没有实际的创业经历和相关基础，因此大学生在承受风险、不惧怕未知危险、勇于坚持不懈地作为等创业冒险方面的意向还比较低。

二是大学生创业动机在性别、家庭居住地、是否有兼职经历、班级环境上存在显著性差异，在年级、专业类别、每月生活消费水平上均不存在显著差异，这与邢靖等人（2018）关于创业动机的研究结果一致。具体分析结果表明，男大学生在创业动机上的社会支持显著高于女大学生；农村大学生在创业动机中追名求富维度上的得分显著高于区县大学生。这可能与男女之间的性格差异有很大关系，通常男生更希望通过创业改变自己的境遇，更愿意选择创业活动，对追求财富的动机更为强烈，而女生更多把生活重心放在家庭与生活上，更希望找到稳定的工作，创业只是女生的第二或第三选择。同时，有兼职经历会为大学生积累许多宝贵的经验，这会让他们获得更多创新创业的想法，也会勇于去追求更长远的提升，因此有兼职经历的大学生在创新创业意识方面表现更积极。团结奋进型班级环境中的大学生有积极奋进、充满自信、敢于直面困难的特点，因此在教学氛围和谐的班级，师生关系融洽，教师对学生的各种创新创业行为都会给予较好的支持。

第六章 大学生个性心理与创新创业意识发展的关系

一、个性心理与创新创业意识相关研究的文献综述

（一）核心自我评价研究概述

1. 核心自我评价的概念界定

Judge 等在 1997 年提出了核心自我评价（core self‐evaluation，CSE）的概念，CSE 是一种潜在的、宽泛的人格结构，被定义为个体对自我能力和价值所持有的最基本的评价和估计。该理论提出核心自我评价由一般自尊、一般自我效能感、神经质和控制源四个基本特质组成。根据伦特等人提出的社会认知生涯理论（social cognitive career theory，SCCT），核心自我评价所包含的与自我概念相关的认知评价，是促进个体进行职业生涯选择的必要因素。核心自我评价的研究重点从早期关注结构的验证与测量、探讨核心自我评价在工作领域中的功能，转向探讨与心理健康、学业行为等变量的关系。另外，核心自我评价的预测作用和调节作用可从动机、图式、能力、应对与获益和自我验证五种机制进行解释。

2. 核心自我评价与大学生创新创业意识的相关研究概述

预测个体行为的最好指标是人的具体意识，要使个体在创业行为上有持久动力就必须让其拥有强烈的创业意识，也就是说要想成为真正成功的创业者，就必须先对其创业意识进行培养。核心自我评价与创造力之间显著正相关，即团队创新氛围在核心自我评价和创造力之间起着正向调节作用（赵娟，2017）。因此，研究大学生创业意识的影响因素对更好地开展创新创业教育从而提高大学生的创业意识非常重要。我们在对创业自我效

能感与核心自我评价、创业意向的相关研究中发现，大学生核心自我评价在其生涯追求型创业意向的间接作用路径中，创业自我效能感起到了完全中介作用，而创业自我效能感在核心自我评价对生涯备择型创业意向的影响中起到了部分中介作用（梁明辉，2016）。在工业与组织心理学领域最早提出了核心自我评价的概念，同时核心自我评价对工作倦怠、工作绩效、工作满意度等许多重要的工作变量都有显著的作用（黎建斌，2010）。本书也正是要探讨核心自我评价对大学生创业意识的具体影响。

（二）大五人格研究概述

1. 大五人格的概念

对人格这一概念的界定，一直都是心理学界研讨的热点。其实，一个人的人格不仅常出现在这个人的身上，还会表现在日常生活的诸多方面。关于大五人格的研究，国内外学者有着不同的见解，他们从不同的方面对大五人格进行了界定。在国外，大五人格最开始的构想是由 Allport 提出的，最终是由 Mccrae 和 Costa 于 20 世纪 90 年代提出的"五要素模型"对该理论进行了完善。五要素模型是指人的五种高级特质，包括外向性、宜人性、尽责性、神经质和开放性。学界对大五人格的研究有很多，但总体上来讲，大五人格与无论生理还是心理上的健康以及行为都有着亲密的关系。在国内，张建新修订的中文版简式大五人格量表中，就分别从外向性、宜人性、慎重性、神经质和开放性五个方面形容一个人的人格。人格是指一个人习惯化的思维、情感和行为的反应方式。人格受后天遗传和先天环境的影响，成年后相对稳定。人格并无好坏之分，但人格会影响个人与环境的互动形式，从而对一个人的成长带来不利影响。

2. 人格与创新创业意识关系的相关研究概述

段肖阳（2022）认为人格理论对创新创业能力研究具有以下重要启示：一是人格特质往往表现为一系列行为，创新创业型人才所具有的创造性人格也可以通过一系列行为表现出来，进而构建出创新创业能力模型；二是创新创业能力所蕴含的人格特质是可以测量和培养的，如进取心、冒险精神、自我效能感、创新性等；三是创新创业能力所包含的人格特质与创新创业过程中的特定行为具有内在的逻辑关系，如冒险精神主要体现个体在不确定环境中果断决策的行为中。可以说，人格理论是创新创业能力研究不可或缺的理论基础。

很多文献将企业家精神界定为敬业、事业心、自律、条理、审慎性、合作、交际和宽容等。因此，大五人格的尽责性、外倾性、宜人性、开放性和情绪稳定性（或神经质）包括了企业家精神这一高频字段，它可以相对精确地衡量创新创业者的心理特质（靳卫东 等，2018）。

通过以往研究，我们知道主动性人格与大学生的创业倾向密切相关（陈从军、杨瑾，2002），主动性人格是一种比较稳定的人格特质，它主要指个体不受外界环境的约束，通过发挥自身的主动性来改变自身的处境，是创新行为和创造力的重要预测因素（梁昊 等，2019；林颐宣，2020；逄键涛 等，2017）。具有高水平主动性人格的个体往往表现出强烈的自主性，并具有首创精神（张永强 等，2017）。学者们已经证实了主动性人格除了影响个体的工作绩效、职业成功和创新行为外，还会影响个体的创业行动（解蕴慧 等，2013）；还有的研究表明，具有主动性人格的人拥有更强的创业意向（刘栋 等，2016；Hussain S，2018）。

胡贝贝等人（2020）认为人对创新型创业机会的识别，以及一个人的创造能力与丰富的想象力、敏锐的观察力等人格特质关系密切。主体强烈的好奇心、敏锐的观察力、丰富的行业经验等基础素质使其对市场十分敏感，因此也更善于识别机会，而主体丰富的想象力和知识基础等基础素质则为其产生新创意提供了条件。现实中，创新创业型人才的内在品质具体表现为自信、敏锐、果敢、合群、自律、谨慎、务实等一系列明显的性格特征（王洪才，2020）。高校创新创业型人才的人格特征包括目标明确、意志坚韧、思维活跃、理念新颖、善于学习、知识丰富、乐于实践、能力突出等（李明建，2014）。

如果人们对创新创业型人才的人格特质、核心素质及关键能力认识不清晰，那么开展创新创业教育就容易成为一种盲目的行为。因此，我们急需探明创新创业型人才的人格特征、核心素质和关键能力的内涵，从而解决高校开展创新创业教育面临的基本问题。

二、大学生核心自我评价状况

（一）大学生核心自我评价的总体现状分析

通过整理，我们对大学生核心自我评价单维度进行描述统计，具体结果见表 6.1。

表6.1 大学生核心自我评价现状

类别	极小值	极大值	均值	标准差	题平均分
核心自我评价总分	16.00	50.00	34.82	6.53	3.48

结果显示，从大学生核心自我评价调查结果的题平均得分来看，大学生核心自我评价总体处于中等偏上水平。

（二）大学生核心自我评价在人口学变量上的差异分析

1. 大学生核心自我评价在性别上的差异分析

以大学生核心自我评价单维度为因变量、性别为自变量进行独立样本 t 检验，结果如表6.2所示。

表6.2 大学生核心自我评价在性别上的差异分析（$M\pm SD$）

类别	男（$n=259$）	女（$n=406$）	t	p
核心自我评价	35.87±6.82	34.13±6.24	3.376	0.001

结果显示，大学生的核心自我评价得分存在显著的性别差异，具体表现为男大学生的核心自我评价得分显著高于女大学生。

2. 大学生核心自我评价在年级上的差异分析

以大学生核心自我评价单维度为因变量、年级为自变量进行单因素方差分析，并对有显著差异的变量做事后检验，结果如表6.3所示。

表6.3 大学生核心自我评价在年级上的差异分析（$M\pm SD$）

年级	n 维度	核心自我评价
大一①	135	34.00±6.30
大二②	259	34.49±6.23
大三③	259	35.39±6.79
大四④	12	38.25±7.68
F		2.76*
LSD		①<④③

方差分析的结果显示，大学生的核心自我评价得分在不同年级上存在显著差异。具体表现为大三、大四学生的核心自我评价上的得分均显著大于大一学生。调查分析结果说明各年级大学生在核心自我评价得分上存在较大差异，各年级大学生的核心自我评价得分具体变化趋势如图 6.1 所示，大四学生的核心自我评价得分最高，大一学生的核心自我评价得分最低。

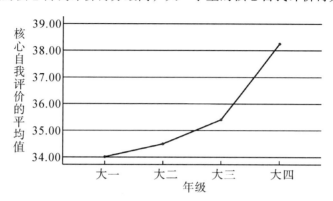

图6.1 不同年级大学生核心自我评价的变化趋势

3. 大学生核心自我评价在专业类别上的差异分析

以大学生核心自我评价单维度为因变量、专业类别为自变量进行单因素方差分析，并对有显著差异的变量做事后检验，结果如表 6.4 所示。

表6.4 大学生核心自我评价在专业类别上的差异分析（$M\pm SD$）

专业类型	n 维度	核心自我评价
文史①	131	34.00±6.08
理工②	512	35.00±6.61
其他③	20	35.40±6.97
F		1.307

结果显示，不同专业类别大学生在核心自我评价上的得分不存在显著差异。不同专业类别大学生核心自我评价得分的变化趋势如图 6.2 所示，文史类大学生的核心自我评价得分最低，其他类大学生的核心自我评价得分最高。

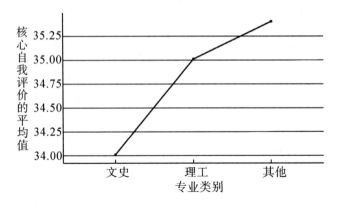

图 6.2 不同专业类型大学生核心自我评价的变化趋势

4. 大学生核心自我评价在家庭居住地上的差异分析

以大学生核心自我评价单维度为因变量、家庭居住地为自变量进行单因素方差分析，并对有显著差异的变量做事后检验，结果如表6.5所示。

表 6.5 大学生核心自我评价在家庭居住地上的差异分析（$M \pm SD$）

家庭居住地	n 维度	核心自我评价
城市①	59	33.69±7.29
区县②	116	34.87±5.95
农村③	488	34.90±6.53
F		0.927

单因素方差分析结果得到，大学生的核心自我评价得分在家庭居住地上无显著差异。不同家庭居住地大学生核心自我评价得分的变化趋势如图6.3所示，农村大学生的核心自我评价得分最高，城市大学生核心自我评价得分最低。

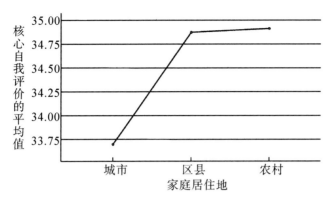

图6.3 不同家庭居住地大学生核心自我评价的变化趋势

5. 大学生核心自我评价在是否有兼职或创业经历上的差异分析

以大学生核心自我评价单维度为因变量、是否有兼职或创业经历为自变量进行独立样本 t 检验，结果如表6.6所示。

表6.6 大学生核心自我评价在是否有兼职或创业经历上的差异分析（$M\pm SD$）

类别	有经历（$n=431$）	无经历（$n=232$）	t	p
核心自我评价	34.88±6.46	34.71±6.46	0.313	0.754

结果显示，大学生的核心自我评价在是否有兼职或创业经历上不存在显著差异。

6. 大学生核心自我评价在班级环境上的差异分析

以大学生核心自我评价单维度为因变量、大学生所在的班级环境类型为自变量进行单因素方差分析，并对有显著差异的变量做事后检验，结果如表6.7所示。

表6.7 大学生核心自我评价在班级环境上的差异分析（$M\pm SD$）

班级环境	n 维度	核心自我评价
团结奋进型①	135	37.40±6.72
一般型②	396	34.30±5.99
自由散漫型③	130	33.61±7.21
F		14.62**
LSD		①>②③

单因素方差分析结果显示，不同班级环境类型中的大学生的核心自我评价存在显著差异，对其进行事后检验发现：团结奋进型班级环境中大学生的核心自我评价得分显著高于一般型和自由散漫型班级环境中大学生的核心自我评价得分。不同班级环境类型中大学生核心自我评价的具体变化趋势如图 6.4 所示，团结奋进型班级环境中大学生的核心自我评价得分最高，自由散漫型班级环境中大学生的核心自我评价得分最低。

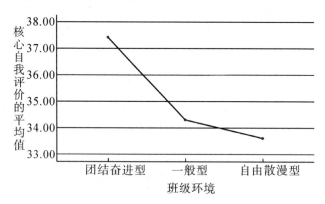

图 6.4 不同班级环境类型中大学生核心自我评价的变化趋势

7. 大学生核心自我评价在教师教学风格上的差异分析

以大学生核心自我评价总分为因变量、教师教学风格为自变量进行单因素方差分析，并对有显著差异的变量做事后检验，结果如表 6.8 所示。

表 6.8 大学生核心自我评价在教师教学风格上的差异分析（$M±SD$）

教师教学风格	n 维度	核心自我评价
幽默风趣型①	144	36.14±6.92
严谨逻辑型②	367	34.44±6.41
创新探索型③	72	34.96±6.57
关爱分享型④	69	34.00±6.04
F		2.77*
LSD		①>②④

单因素方差分析得到，不同教师教学风格下大学生的核心自我评价得分存在显著差异。进一步的事后检验分析得到，幽默风趣型教学风格下的大学生的核心自我评价的得分显著高于严谨逻辑型、关爱分享型教学风格

下大学生的核心自我评价。不同教师教学风格下大学生核心自我评价的具体变化趋势如图6.5所示，幽默风趣型教学风格下大学生的核心自我评价得分最高，关爱分享型教学风格下的大学生的核心自我评价得分最低。

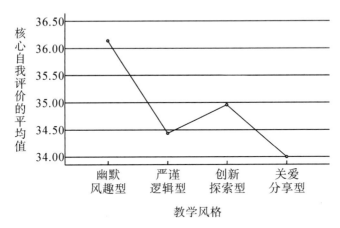

图6.5 不同教师教学风格下大学生核心自我评价的变化趋势

8. 大学生核心自我评价在每月生活水平消费上的差异分析

以大学生核心自我评价总分为因变量、每月生活消费水平为自变量进行单因素方差分析，并对有显著差异的变量做事后检验，结果如表6.9所示。

表6.9 大学生核心自我评价在每月生活消费水平上的差异分析（$M\pm SD$）

每月生活消费水平	n 维度	核心自我评价
<1 000 元①	205	35.12±6.60
1 000~<1 500 元②	387	34.61±6.33
1 500~<2 000 元③	48	33.94±7.41
≥2 000 元④	18	36.61±7.48
F		1.017

单因素方差分析结果显示，大学生核心自我评价总分在每月生活消费水平上无显著差异。每月不同生活消费水平的大学生核心自我评价得分的具体变化趋势如图6.6所示，每月生活消费水平2 000元及以上的大学生的核心自我评价得分最高，而每月生活消费水平在1 500~2 000元的大学生的核心自我评价得分最低。

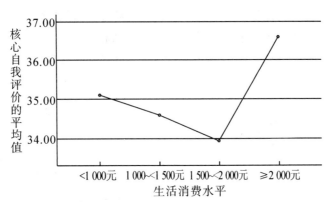

图6.6 每月不同消费水平大学生核心自我评价的变化趋势

（三）小结与讨论

通过调查研究发现，大学生核心自我评价总体水平处于中等偏上水平。

本书所做显示出大学生核心自我评价的性别、年级、教师教学风格、兼职经历、班级环境、每月生活消费水平存在显著差异，这与前人的研究不一致。在黎建斌等人（2012）做的研究中，大学生核心自我评价在性别上不存在差异，本书与其结果并不一致。因为受着传统男女观念的影响，每个人都会有自己的角色性格方面的特征。从总体来说，男生大多更偏理性，性格豪爽、大大咧咧、爱运动、不拘小节、适应能力强；女生则大多比较感性、内心细腻温柔、比较文静，喜欢浪漫，对生活充满想象。随着年龄的增长，个体对自我的认识越来越清晰，因此不同年级的个体会对个人的核心自我评价产生一定的影响。团结奋进型班级环境具有团结、奋进、进取、高效等良好的育人氛围，它是在一般型班级环境的基础上经过有意识、有目的、有计划地培养和建设而达到的一种高级阶段。这个组织的成员有明确的目标指向和共同的愿景，班级组织的作用能得到最大程度的发挥，从而使班级组织中的所有成员得到最好的发展，因此他们对核心自我评价也会相对更高。

同时，本书还得到，大学生核心自我评价在专业类别、家庭居住地、是否有兼职或创业经历上不存在显著差异的结论。这可能是因为专业类别是个人选择的方向，与自我喜好、与自我评价有关。来自不同领域的个人，自身发展一直都会继续。因此，不同的家庭居住地并不会影响个人的核心自我评价的形成。是否兼职或创业只是个人的经历，与核心自我评价无关，不论是否有兼职或创业经历都不会影响个人核心自我评价的影响。正确认识自己对我们日常学习和生活都有一定的影响，因此希望大学生们能够意识到正确认识和评价自我的重要性，合理规划自己的未来并设立目标，发现和利用自我潜能。我们要在保持健康心理的同时，养成良好的习惯，努力提高自身能力，积累知识经验，为未来做好准备。

另外，大学生核心自我评价在教师教学风格上存在显著差异。教师教学风格是指教学活动的特色，是教师的教育思想、个性特点、教育技巧在教育过程中独特的、和谐的联合和经常性的体现。因此，教师教学风格会在一定程度上对个体的核心自我评价造成影响。

三、大学生大五人格状况

（一）大学生大五人格的总体现状分析

对大五人格各维度进行描述统计，具体结果见表 6.10。

表 6.10 大学生大五人格现状

维度	最小值	最大值	均值	标准差	题平均得分
神经质	12.00	48.00	28.29	6.15	3.54
严谨性	16.00	48.00	33.32	5.13	4.17
宜人性	23.00	48.00	35.22	4.61	4.40
开放性	10.00	48.00	31.80	5.41	3.98
外向性	20.00	47.00	31.75	4.58	3.97

结果显示，从大学生大五人格各方面的得分情况来看，宜人性维度中每题平均得分最高，而神经质维度的得分最低，这说明大学生在人格状态方面表现良好。

（二）大学生大五人格在人口学变量上的差异分析

1. 大学生大五人格在性别上的差异分析

以大学生大五人格各维度为因变量、性别为自变量进行独立样本 t 检验，结果如表 6.11 所示。

表 6.11　大学生大五人格在性别上的差异分析（M±SD）

因变量	男（n=259）	女（n=406）	t	p
神经质	27.40±6.28	28.86±6.00	-3.025	0.003
严谨性	34.14±5.11	32.79±5.07	3.324	0.001
宜人性	34.86±4.51	35.44±4.67	-1.579	0.115
开放性	32.55±5.53	31.32±5.28	2.876	0.004
外向性	32.64±4.39	31.18±4.61	4.077	0.000

结果显示，大学生在神经质、严谨性、开放性、外向性四个人格维度上存在显著的性别差异，具体表现为男大学生在严谨性、开放性、外向性得分上均要显著高于女大学生；男大学生在神经质上得分低于女大学生。

2. 大学生大五人格在年级上的差异分析

以大学生大五人格各维度为因变量、年级为自变量进行单因素方差分析，并对有显著差异的变量做事后检验，结果如表 6.12 所示。

表 6.12　大学生大五人格在年级上的差异分析（M±SD）

因变量	大一① （n=135）	大二② （n=259）	大三③ （n=259）	大四③ （n=12）	F
神经质	28.56±6.82	28.63±5.91	27.95±6.01	25.42±5.53	1.483
严谨性	33.33±5.23	32.88±4.93	33.62±5.17	36.08±6.50	2.080
宜人性	35.39±4.54	34.97±4.34	35.31±4.91	36.92±4.74	0.897
开放性	31.13±5.57	31.70±5.03	32.16±5.53	33.58±7.98	1.542
外向性	31.19±4.19	31.83±4.58	31.98±4.67	31.33±5.23	0.952

结果显示，大学生在大五人格中神经质、严谨性、宜人性、外向性、开放性五个方面在年级上均无显著差异。

3. 大学生大五人格在专业类别上的差异分析

以大学生大五人格各维度为因变量、专业类别为自变量进行单因素方差分析，并对有显著差异的变量做事后检验，结果如表 6.13 所示。

表 6.13　大学生大五人格在专业类别上的差异分析（$M\pm$SD）

因变量	文史① （$n=131$）	理工② （$n=512$）	其他③ （$n=20$）	F	LSD
神经质	29.45±6.08	28.01±6.02	27.85±5.85	2.944*	①>②
严谨性	33.12±5.15	33.32±5.11	35.05±5.65	1.232	
宜人性	35.05±4.38	35.28±4.71	34.90±4.00	0.181	
开放性	30.96±5.02	31.89±5.47	35.20±5.01	5.661**	③>①
外向性	31.62±4.75	31.72±4.56	32.95±3.58	0.751	

　　结果显示，大学生大五人格的严谨性、宜人性、外向性在专业类别上均无显著差异，但不同专业类别大学生在大五人格的开放性、神经质维度上差异显著，分别对其进行事后检验发现：文史类专业大学生的神经质得分显著高于理工类大学生，其他类专业大学生的开放性得分显著高于文史类专业大学生。

　　4. 大学生大五人格在家庭居住地上的差异分析

　　以大学生大五人格各维度为因变量、家庭居住地为自变量进行单因素方差分析，并对有显著差异的变量做事后检验，结果如表 6.14 所示。

表 6.14　大学生大五人格在家庭居住地上的差异分析（$M\pm$SD）

因变量	城市① （$n=59$）	区县② （$n=116$）	农村③ （$n=488$）	F	LSD
神经质	27.77±6.21	28.58±5.38	28.30±6.32	0.328	
严谨性	32.71±5.00	32.37±4.65	33.62±5.23	3.243*	③>②
宜人性	34.32±4.24	34.27±4.45	35.56±4.66	5.000**	③>②
开放性	32.14±5.11	31.16±4.86	31.89±5.56	0.989	
外向性	31.94±4.20	31.58±3.94	31.75±4.76	0.133	

　　结果显示，大学生大五人格方面的神经质、开放性、外向性在家庭居住地上均无显著差异，但大学生的严谨性、宜人性维度得分在家庭居住地上的差异显著，并对其进行事后检验发现：居住在农村的大学生大五人格的严谨性、宜人性得分显著高于居住在区县的大学生。

　　5. 大学生大五人格在是否有兼职或创业经历上的差异分析

　　以大学生大五人格各维度为因变量、是否有兼职或创业经历为自变量

进行独立样本 t 检验，结果如表 6.15 所示。

表 6.15　大学生大五人格在是否有兼职或创业经历上的差异分析（$M \pm SD$）

因变量	有经历（$n=431$）	无经历（$n=232$）	t	p
神经质	28.23±5.92	28.40±6.54	−0.344	0.731
严谨性	33.68±5.21	32.58±4.85	2.656	0.007
宜人性	35.41±4.71	34.83±4.41	1.567	0.118
开放性	32.19±5.69	31.00±4.74	2.886	0.004
外向性	31.96±4.65	31.33±4.42	1.696	0.090

独立样本 t 检验结果显示，大学生大五人格的严谨性、开放性在是否有兼职或创业经历上存在显著差异，具体表现为有兼职或创业经历的大学生大五人格的严谨性、开放性得分均显著高于无兼职或创业经历的大学生。

6. 大学生大五人格在班级环境上的差异分析

以大学生大五人格各维度为因变量、班级环境为自变量进行单因素方差分析，并对有显著差异的变量做事后检验，结果如表 6.16 所示。

表 6.16　大学生大五人格在班级环境上的差异分析（$M \pm SD$）

因变量	团结奋进型① （$n=135$）	一般型② （$n=396$）	自由散漫型③ （$n=130$）	F	LSD
神经质	26.94±6.19	28.67±6.07	28.60±6.25	4.213*	②③>①
严谨性	34.47±5.06	33.11±4.97	32.71±5.57	4.651*	①>②③
宜人性	35.80±4.51	35.11±4.60	34.93±4.76	1 402	
开放性	33.30±5.73	31.42±5.19	31.47±5.47	6.570**	①>②③
外向性	32.81±4.51	31.43±4.53	31.66±4.67	4.617*	①>②

通过方差分析得出，不同班级环境类型中大学生大五人格在神经质、严谨性、开放性和外向性维度上差异显著，而大学生的大五人格宜人性维度在班级环境类型上无显著差异。事后检验发现：一般型和自由散漫型班级环境中大学生的神经质得分显著高于团结奋进型班级环境中的大学生；团结奋进型班级环境中大学生的严谨性、开放性得分显著高于一般型和自由散漫型班级环境中的大学生；团结奋进型班级环境中的大学生的外向性

得分显著高于一般型班级环境中的大学生。

7. 大学生大五人格在教师教学风格上的差异分析

以大学生大五人格各维度为因变量、教师教学风格为自变量进行单因素方差分析，并对有显著差异的变量做事后检验，结果如表6.17所示。

表6.17 大学生大五人格在教师教学风格上的差异分析（$M\pm SD$）

因变量	幽默风趣型① ($n=144$)	严谨逻辑型② ($n=367$)	创新探索型③ ($n=72$)	关爱分享型④ ($n=69$)	F
神经质	25.95±6.87	27.35±6.51	25.90±6.69	27.74±6.29	2.49
严谨性	33.96±5.31	32.21±5.15	32.53±5.25	32.65±5.16	3.92
宜人性	31.91±4.81	31.97±4.23	30.81±5.00	31.00±4.79	2.02
开放性	32.40±5.67	31.46±5.33	32.56±4.78	31.48±5.35	1.68
外向性	29.28±5.90	28.93±4.95	29.41±4.21	29.12±5.06	0.27

结果显示，不同教师教学风格下大学生大五人格的得分均存在显著差异。

8. 大学生大五人格在每月生活消费水平上的差异分析

以大学生大五人格各维度为因变量、每月生活消费水平为自变量进行单因素方差分析，并对有显著差异的变量做事后检验，结果如表6.18所示。

表6.18 大学生大五人格在每月生活消费水平上的差异分析（$M\pm SD$）

因变量	<1 000元① ($n=205$)	1 000~<1 500元② ($n=387$)	1 500~<2 000元③ ($n=48$)	≥2 000元④ ($n=18$)	F	LSD
神经质	26.43±7.15	27.14±6.54	27.10±5.45	26.61±4.46	0.54	
严谨性	32.90±5.24	32.61±5.31	31.50±4.56	33.39±5.66	1.05	
宜人性	32.21±4.45	31.77±4.60	30.06±4.12	29.22±3.77	4.84 **	①②>③④
开放性	31.57±5.77	31.93±5.32	31.40±4.22	33.22±6.11	0.70	
外向性	28.62±5.48	29.14±5.00	29.54±3.96	33.61±5.02	5.43 **	①②③<④

单因素方差分析的结果显示，每月生活消费水平不同的大学生在大五人格的宜人性和外向性维度得分存在显著差异，但在大五人格的神经质、严谨性和开放性维度上差异不显著。事后检验发现：每月生活消费水平为

2 000 元及以上大学生的外向性得分显著高于每月生活总消费 2 000 元以下的大学生；每月生活消费水平在 1 500 元以下的大学生的宜人性得分显著高于每月消费在 1 500 元及以上的大学生的宜人性。

(三) 小结与讨论

每个人都是不同的个体，自然也会有不同的人格特征。前人做的研究表明，男女生的大五人格在性别上存在显著差异（徐莹，2014）。本书也显示大学生大五人格中神经质、严谨性、开放性、外向性在性别上存在显著差异，与前人的研究基本一致。这说明大学生大五人格受性别的影响。因为受着传统观念的影响，男女从生下来就受着自己性别观念的影响，会朝着男生该是什么样子、女生该是什么样子的方向发展，从而形成性别角色化，导致男女存在差异。不同人格特征的个体具有不同的人际关系或社交关系，而这些则会对我们的日常学习、生活产生影响。

在生活中，个人逐渐养成各种习惯，并形成自己的人格特点。本书显示大学生中有兼职或创业经历的学生在严谨性、开放性上均大于无兼职或创业经历的学生。因为想要外出兼职的学生就必须接触外界，所以会比没有兼职经历的学生外向一些；在兼职过程中，这些学生也会因习得经验表现出认真、严谨的做事风格。

我们对家庭居住地进行分类，将居住在城市、农村和区县的大学生进行比较后，结果发现农村大学生的严谨性、宜人性得分显著高于区县学生。这与前人研究的大学生大五人格现状调查研究结果一致（何昕彤，2016）。由于他们的居住地不同，所接受的教育也因区域特征的不同而不一样，从而他们的性格养成也有所不同。

通过对教师教学风格中幽默风趣型、严谨逻辑型、创新探索型和关爱分享型进行分类后比较，发现大学生大五人格中神经质维度在教师教学风格上的差异显著。其中，关爱分享型教学风格的神经质得分显著高于幽默风趣型、创新探索型教学风格。教师的教学风格不同，对学生的人格方面有一定影响。大学生们可以从小养成良好的人格特征，多与他人交流，从群体中了解自己，认识别人眼中的自己是怎样的，并及时发现自己的不足，从而促使自己的人格健康发展。

四、大学生创新创业意识与核心自我评价关系的实证研究

（一）大学生核心自我评价对创新精神的影响

1. 大学生核心自我评价与创新精神的相关分析

将大学生的核心自我评价与创新精神主体、客体两个方面的各维度及总分进行皮尔逊积差相关分析，结果如表 6.19 所示。

表 6.19　核心自我评价与创新精神的相关分析

维度	核心自我评价
灵活与变通性	0.323**
标新立异性	0.263**
批判性	0.131**
反思性	0.299**
创新精神主体方面	0.349**
教师支持	0.157**
大学课程	0.193**
同伴影响	0.208**
创新精神客体方面	0.250**
创新精神总分	0.350**

结果显示，大学生的核心自我评价与创新精神主体、客体两个方面各维度及总分之间均呈显著的正相关关系，相关系数为 0.131～0.349，其中核心自我评价与大学生创新精神主体方面的灵活与变通性维度相关系数最高，为 0.323，这说明大学生的核心自我评价水平越高，其创新精神各方面的表现也越高。

2. 大学生核心自我评价对创新精神的回归预测分析

以核心自我评价为自变量，以大学生创新精神主体、客体两个方面的各维度及总分为因变量，依次进行一元线性回归分析，结果如表 6.20所示。

表 6.20　核心自我评价预测大学生创新精神的一元线性回归分析

因变量	自变量	R	R^2	F	B	Beta	t
灵活与变通性		0.323	0.105	77.475***	0.155	0.323	8.802***
标新立异性		0.263	0.069	49.442***	0.143	0.263	7.032***
批判性		0.131	0.017	11.642**	0.058	0.131	3.412**
反思性	核心自我评价	0.299	0.090	65.232***	0.124	0.299	8.077***
创新精神主体方面		0.349	0.122	92.015***	0.481	0.349	9.592***
教师支持		0.157	0.025	16.811***	0.078	0.157	4.100***
大学课程		0.193	0.037	25.672***	0.080	0.193	5.067***
同伴影响		0.208	0.043	29.885***	0.087	0.208	5.467***
创新精神客体方面		0.250	0.062	44.117***	0.246	0.250	6.642***
创新精神总分		0.350	0.123	92.713***	0.727	0.350	9.629***

　　一元线性回归分析结果显示，核心自我评价均能显著正向预测大学生创新精神主体与客体方面的各维度及总分，变异系数解释率大小为 1.7%～12.3%。大学生核心自我评价与创新精神总体的线性回归趋势如图 6.7 所示。

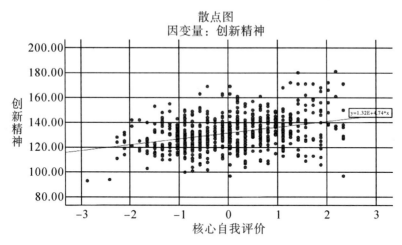

图 6.7　核心自我评价与大学生创新精神的一元线性回归

（二）大学生核心自我评价对创业意识的影响

1. 大学生核心自我评价与创业意识的相关分析

将核心自我评价与大学生创业意识各维度及总分进行皮尔逊积差相关

分析，结果见表 6.21。

表 6.21　核心自我评价和大学生创业意识的相关分析

维度	核心自我评价
创业主动性	0.135 **
创业渴望	0.191 **
创业支持感	0.122 **
创业回避	−0.311 **
创业承担	0.234 **
创业意识总分	0.255 **

相关分析的结果显示，核心自我评价与大学生创业意识的创业主动性、创业渴望、创业支持感、创业承担等维度及创业意识总分均呈显著正相关，相关系数为 0.135~0.234，而与创业回避维度呈显著负相关，相关系数为−0.311。结果说明大学生的核心自我评价水平越高，其创业意识也越高，同时创业回避也越少。其中核心自我评价与创业意识的创业回避维度相关程度最高，而与创业意识的创业支持感维度相关程度最低。

2. 大学生核心自我评价对创业意识的回归预测分析

为了进一步探讨大学生核心自我评价与创业意识的关系，我们以核心自我评价为自变量、大学生的创业意识各维度及总分为因变量，依次进行一元线性回归分析，分析结果见表 6.22 所示。

表 6.22　大学生核心自我评价对创业意识的回归预测分析

因变量	自变量	R	R^2	F	B	Beta	t
创业主动性	核心自我评价	0.135	0.018	12.264 ***	0.076	0.135	3.502 ***
创业渴望		0.191	0.036	25.115 ***	0.093	0.191	5.011 ***
创业支持感		0.122	0.015	9.976 ***	0.065	0.122	3.159 ***
创业回避		0.311	0.097	70.957 ***	−0.157	−0.311	−8.424 ***
创业承担		0.234	0.055	38.330 ***	0.083	0.234	6.191 ***
创业意识总分		0.255	0.065	46.050 ***	0.403	0.255	6.786 ***

一元线性回归分析结果显示大学生的核心自我评价均能显著正向预测

大学生的创业主动性、创业渴望、创业支持感、创业承担和创业意识总分，且能显著负向预测创业回避，它们的变异系数解释率分别为1.8%、3.6%、1.5%、5.5%、6.5%、5.7%。大学生核心自我评价与总体创业意识的线性回归趋势如图6.8所示。

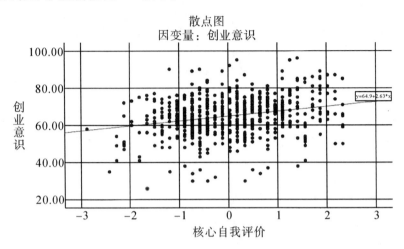

图6.8 核心自我评价与大学生创业意识的一元线性回归

（三）大学生核心自我评价对创业动机的影响

1. 大学生核心自我评价与创业动机的相关分析

将核心自我评价与大学生创业动机各维度及总分进行皮尔逊积差相关分析，结果如表6.23。

表6.23 大学生核心自我评价和创业动机的相关分析

维度	核心自我评价
冒险敢为	0.347**
自我实现	0.179**
追名求富	0.144**
社会支持	0.099*
创业动机总分	0.230**

积差相关分析结果显示，核心自我评价与大学生创业动机各维度及总分均存在显著的正相关关系，相关系数为0.099~0.347，其中核心自我评

价与创业动机的冒险敢为维度相关程度最高，而与创业动机的社会支持维度相关程度最低。

2. 大学生核心自我评价对创业动机的回归预测分析

为了进一步探讨大学生核心自我评价与创业动机的关系，以核心自我评价为自变量、创业动机各维度及总分为因变量，进行一元线性回归分析，分析结果如表6.24所示。

表6.24 大学生核心自我评价对创业动机的回归预测分析

因变量	自变量	R	R^2	F	B	Beta	t
冒险敢为		0.347	0.121	91.012***	0.167	0.347	9.540***
自我实现		0.179	0.032	22.043***	0.101	0.179	4.695***
追名求富	核心自我评价	0.144	0.021	14.117***	0.070	0.144	3.757***
社会支持		0.099	0.010	6.520**	0.056	0.099	2.553**
创业动机总分		0.230	0.053	37.018***	0.394	0.230	6.084***

一元线性回归分析结果得到大学生的核心自我评价能显著正向预测创业动机的冒险敢为、自我实现、追名求富、社会支持四个维度及创业动机总分，变异系数解释率分别为12.1%、3.2%、2.1%、1.0%、5.3%。大学生核心自我评价与总体创业动机的线性回归趋势如图6.9所示。

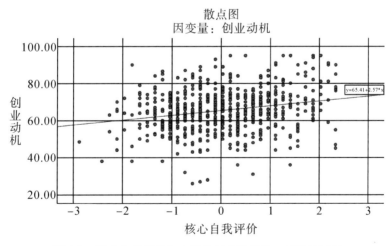

图6.9 核心自我评价与大学生创业动机的一元线性回归

（四）小结与讨论

核心自我评价与创新精神主体、客体两个维度及总分之间呈显著正相关，这与赵娟的研究基本一致。在赵娟（2017）的研究中，核心自我评价与创造力之间有显著的正向关系，即核心自我评价越高的人会有更高的创造力。因此，个人对自身的评价和对自身能力的认识，将会影响到创新精神的形成和发展。

大学生核心自我评价与创业意识及各维度均存在显著正相关。进一步探讨其关系可发现，核心自我评价能显著正向预测创业主动性、创业渴望、创业支持感、创业承担、创业意识。这与梁明辉等人的研究结果一致。研究表明，核心自我评价在工作和职业中扮演重要角色，能潜移默化地影响个体组织和管理个人生涯发展的内部能量，个体通过对自我的认知和评价来做出决策，核心自我评价可以积极地影响与个人创业有关的认知和评价过程，从而正向预测创业意识。

大学生核心自我评价与创业动机各维度均存在显著正相关。核心自我评价能显著正向预测大学生的冒险敢为、自我实现、追名求富、社会支持、创业动机的行为。核心自我评价得分高的大学生，其创业动机越强烈，得分高的被试对自身能力和价值的评价较高，把创业看成一种自我实现的方式，相信自己能做到，因而创业动机强烈，易做出创业选择。

核心自我评价越高的大学生其创新创业意识也越高，并且核心自我评价能显著正向预测大学生的创新创业意识水平。这说明核心自我评价越高的大学生会非常肯定自己的能力，也更愿意挑战新的事物，如选择创业等。同时，高核心自我评价也可以从正面影响人们对创新创业的认知和评价过程，从而产生更多的创新创业意识。以往的研究也获得了对创业潜力具有良好预测性的核心自我评价的结论。大学生认为自己缺乏应对创业过程中各种问题的能力，风险承受能力和压力管理能力相对不足，在遇到困难和阻力时难以保持情绪稳定。大学生在实施创业过程中表现出较高的自我效能感，对成功创业充满信心，能够相对理性、稳定地面对创业挫折（蒋昀洁 等，2018）。

在适应环境的过程中，高水平核心自我评价的个体可能会去搜索更多的积极信息，也更有可能去选择那些具有挑战性的任务，如创业主动性等。核心自我评价高的大学生在当前就业环境艰难，就业压力大的情况下，能获得更多的适应性资源，能更好地认识当前的就业环境和高风险的职业活动，从而有更大的创业渴望、创业主动性及创业承担。核心自我评价的提高需要在成长环境中受到更多的关爱与支持，因此高核心自我评价的大学生在创业这一挑战性任务下也会同样获得更多的创业支持感，从而产生更多的创业意识。

核心自我评估是一种整体自我评估，它会影响特定领域的自我评估。高核心自我评价的特点是自尊心强、一般自我效能感强、内部控制力强和神经质弱。也就是说，核心自我评价水平较高的人对自己的能力更有信心，认为自己可以控制事件并拥有更稳定的情绪（黎建斌 等，2010）。因此，具有较高核心自我评价的个人更有可能相信自己有能力胜任创新创业决策所需的任务，如有更高的创业主动性去搜集信息、选择目标、制定规划与解决问题，有更强的创业责任心和更积极的创新创业意识。

五、大学生创新创业意识与大五人格关系的实证研究

（一）大五人格对大学生创新精神的影响分析

1. 大五人格与大学生创新精神的相关分析

将大五人格各维度与大学生创新精神主体、客体两个方面各维度及总分进行皮尔逊积差相关分析，结果如表 6.25 所示。

表 6.25　大五人格与大学生创新精神的相关分析

维度	神经质	严谨性	宜人性	开放性	外向性
灵活与变通性	-0.187**	0.387**	0.208**	0.376**	0.189**
标新立异性	-0.130**	0.410**	0.175**	0.433**	0.213**
批判性	-0.103**	0.212**	0.149**	0.200**	0.002
反思性	-0.131**	0.424**	0.159**	0.293**	0.117**
创新精神主体方面	-0.189**	0.493**	0.238**	0.455**	0.186**
教师支持	-0.190**	0.243**	0.180**	0.141**	0.057
大学课程	-0.064	0.300**	0.125**	0.258**	0.162**

表6.25(续)

维度	神经质	严谨性	宜人性	开放性	外向性
同伴影响	−0.084*	0.356**	0.266**	0.318**	0.135**
创新精神客体方面	−0.159**	0.402**	0.257**	0.317**	0.155**
创新精神总分	−0.201**	0.518**	0.280**	0.452**	0.197**

结果显示，大五人格中的神经质与大学生的创新精神主体与客体方面各维度（除大学课程维度外）及总分均呈显著的负相关，即神经质得分越高，大学生的创新精神得分越低。大五人格的严谨性、宜人性、开放性三个维度与创新精神主体与客体方面各维度及总分均呈显著的正相关，即严谨性、宜人性、开放性维度的得分越高，大学生的创新精神各维度得分也越高。另外，大五人格的外向性与大学生创新精神的批判性、教师支持两个维度的相关性不显著，但与大学生创新精神的灵活与变通性、标新立异性、反思性、创新精神主体方面、大学课程、同伴影响、创新精神客体方面、创新精神总分上均呈显著的正相关，即外向性得分越高，大学生的创新精神相关维度的得分也越高。从相关系数的具体数值来看，大五人格的严谨性与大学生创新精神的相关最大为0.518，大五人格的外向性与大学生创新精神的相关最小为0.197。

2. 大五人格对大学生创新精神的回归预测分析

将大五人格各维度作为自变量、创新精神各维度及总分分别作为因变量依次进行逐步多元回归分析，结果见表6.26所示。

表6.26　大五人格对大学生创新精神的回归预测分析

因变量	自变量	R	R²	F	B	Beta	t
灵活与变通性	严谨性	0.458	0.210	43.773***	0.124	0.208	4.834***
	开放性				0.134	0.233	5.572***
	神经质				−0.058	−0.123	−3.469***
	宜人性				0.061	0.089	2.453*
标新立异性	开放性	0.480	0.230	98.883***	0.195	0.298	7.292***
	严谨性				0.167	0.246	6.022***

表6.26(续)

因变量	自变量	R	R^2	F	B	Beta	t
批判性	严谨性	0.275	0.076	10.812	0.059	0.106	2.263*
	开放性				0.090	0.167	3.367**
	外向性				−0.062	−0.110	−2.599**
	宜人性				0.053	0.082	2.089*
	神经质				−0.034	−0.077	−1.999*
反思性	严谨性	0.430	0.185	75.258***	0.196	0.378	8.984***
	开放性				0.043	0.085	2.026*
创新精神主体方面	严谨性	0.555	0.308	73.514***	0.522	0.304	7.531***
	开放性				0.433	0.260	6.666***
	神经质				−0.140	−0.103	−3.099**
	宜人性				0.173	0.087	2.568*
创新精神客体方面	严谨性	0.449	0.201	41.572	0.336	0.274	6.326***
	宜人性				0.209	0.147	4.043***
	开放性				0.149	0.126	2.995**
	神经质				−0.082	−0.084	−2.365*
创新精神总分	严谨性	0.578	0.334	82.865***	0.857	0.332	8.384***
	开放性				0.582	0.232	6.068***
	宜人性				0.381	0.128	3.838***
	神经质				−0.222	−0.108	−3.326***

多元分析的结果显示，大五人格中的严谨性、开放性、神经质、宜人性能共同显著预测大学生创新精神的灵活与变通性，其变异系数解释率为21.0%，其中严谨性、开放性、宜人性为正向预测，而神经质为负向预测。大五人格中的开放性、严谨性能共同显著正向预测大学生创新精神的标新立异性，其变异系数解释率为23.0%。大五人格中的严谨性、开放性、外向型、宜人性、神经质能共同显著预测大学生创新精神的批判性，其变异系数解释率为7.6%，其中严谨性、开放性、外向性、宜人性为正向预测，而神经质为负向预测。大五人格中的严谨性、开放性能共同显著正向预测大学生创新精神的反思性，其变异系数解释率为18.5%。大五人格中的严

谨性、开放性、神经质、宜人性能共同显著预测大学生创新精神主体方面，其变异系数解释率为30.8%，其中严谨性、开放性、宜人性为正向预测，而神经质为负向预测。大五人格中的严谨性、宜人性、开放性、神经质能共同显著预测大学生创新精神客体方面，其变异系数解释率为20.1%，其中严谨性、宜人性、开放性为正向预测，而神经质为负向预测。大五人格中的严谨性、开放性、宜人性、神经质能共同显著预测大学生创新精神总分，其变异系数解释率为33.4%，其中严谨性、开放性、宜人性为正向预测，而神经质为负向预测。

（二）大五人格对大学生创业意识的影响

1. 大五人格与大学生创业意识的相关分析

将大五人格与创业意识各维度及总分进行皮尔逊积差相关分析，结果如表6.27。

表6.27　大学生大五人格和创业意识的相关分析

维度	神经质	严谨性	宜人性	开放性	外向性
创业主动性	-0.043	0.224**	-0.017	0.230**	0.243**
创业渴望	-0.087*	0.211**	0.094*	0.258**	0.235**
创业支持感	-0.031	0.200**	0.069	0.254**	0.249**
创业回避	0.327**	-0.229**	-0.155**	-0.169**	-0.110**
创业承担	-0.128**	0.319**	0.060	0.375**	0.245**
创业意识总分	-0.119**	0.341**	0.121**	0.367**	0.312**

结果显示，神经质与大学生创业意识的创业渴望、创业承担及创业意识总分呈显著负相关，但与创业回避呈显著正相关，而与创业主动性、创业支持感不存在显著相关；严谨性与大学生的创业主动性、创业渴望、创业支持感、创业承担、创业意识总分呈显著正相关，而与创业回避呈显著负相关；宜人性与大学生的创业渴望、创业意识总分呈显著正相关，与创业回避呈显著负相关；开放性与大学生的创业主动性、创业渴望、创业支持感、创业承担、创业意识总分呈显著正相关，而与创业回避呈显著负相关；外向性与大学生创业主动性、创业渴望、创业支持感、创业承担、创业意识总分呈显著正相关，而与创业回避呈显著负相关。

2. 大五人格对大学生创业意识的回归预测分析

为了进一步探讨大五人格与大学生创业意识的关系，以大五人格各维度为自变量、创业意识及各维度为因变量进行多元逐步回归分析，分析结果如表 6.28 所示。

表 6.28　大学生大五人格对创业意识的回归预测分析

因变量	自变量	R	R^2	F	B	Beta	t
创业意识总分	开放性	0.437	0.191	51.980***	0.318	0.167	3.629***
	严谨性				0.408	0.207	4.930***
	外向性				0.382	0.190	4.827***
创业主动性	外向性	0.310	0.096	23.363***	0.145	0.202	5.326***
	严谨性				0.141	0.202	5.116***
	宜人性				−0.067	−0.082	−2.133***
创业渴望	开放性	0.303	0.092	47.200***	0.077	0.131	2.689**
	外向性				0.095	0.152	3.649***
	严谨性				0.064	0.105	2.360**
创业支持感	开放性	0.305	0.093	22.538***	0.080	0.124	2.549**
	外向性				0.116	0.171	4.115***
	严谨性				0.062	0.094	2.109**
创业回避	神经质	0.378	0.143	36.743***	0.146	0.292	7.921***
	严谨性				−0.088	−0.140	−3.644***
	宜人性				−0.073	−0.100	−2.677**
创业承担	开放性	0.408	0.167	44.119***	0.102	0.239	5.126***
	严谨性				0.073	0.165	3.885***
	宜人性				0.045	0.100	2.496**

结果显示，大五人格中的开放性、严谨性、外向性能共同显著正向预测大学生的创业意识总分，其变异系数解释率为 19.1%。大五人格中的外向性、严谨性、宜人性能共同显著预测大学生的创业主动性，其变异系数解释率为 9.6%，其中外向性、严谨性为正向预测，而宜人性为负向预测。大五人格中的开放性、外向性、严谨性能共同显著正向预测大学生的创业

渴望，其变异系数解释率为9.2%。大五人格中的开放性、外向性、严谨性能共同显著正向预测大学生的创业支持感，其变异系数解释率为9.3%。大五人格中的神经质、严谨性、宜人性能共同显著预测大学生的创业回避，其变异系数解释率为14.3%，其中神经质为正向预测，而严谨性、宜人性为负向预测。大五人格中的开放性、严谨性、宜人性能共同显著正向预测大学生的创业承担，其变异系数解释率为16.7%。

（三）大五人格对大学生创业动机的影响

1. 大五人格与大学生创业动机的相关分析

将大五人格各维度与创业动机各维度及总分进行皮尔逊积差相关分析，结果见表6.29。

表6.29　大五人格和大学生创业动机的相关分析

维度	神经质	严谨性	宜人性	开放性	外向性
冒险敢为	-0.167**	0.453**	0.214**	0.520**	0.323**
自我实现	-0.012	0.278**	0.092*	0.378**	0.250**
追名求富	-0.004	0.232**	0.176**	0.332**	0.229**
社会支持	0.027	0.244**	-0.058	0.356**	0.279**
创业动机总分	-0.043	0.365**	0.121**	0.482**	0.330**

结果显示，大五人格的神经质与大学生创业动机中的冒险敢为上存在显著负相关，而与创业动机的其他方面均不存在显著相关。大五人格中的严谨性、开放性、外向性均与大学生创业动机各维度及总分存在显著正相关。宜人性与大学生创业动机的冒险敢为、自我实现、追名求富及创业动机总分呈显著正相关，但与社会支持不存在显著相关。

2. 大五人格对大学生创业动机的回归预测分析

为了进一步探讨大学生大五人格与创业动机的关系，以大五人格各维度为自变量、创业动机及各维度为因变量进行多元逐步回归分析，分析结果如表6.30所示。

表 6.30　大五人格对大学生创业动机的回归预测分析

因变量	自变量	R	R^2	F	B	Beta	t
创业动机总分	开放性	0.513	0.263	78.488***	0.692	0.335	7.634***
	外向性				0.314	0.144	3.841***
	严谨性				0.316	0.148	3.696***
冒险敢为	开放性	0.577	0.332	65.618***	0.194	0.334	7.907***
	严谨性				0.124	0.206	5.198***
	外向性				0.069	0.112	3.109**
	神经质				−0.040	−0.085	−2.579*
	宜人性				0.048	0.069	2.076*
自我实现	开放性	0.398	0.158	41.417***	0.187	0.275	5.863***
	外向性				0.073	0.102	2.539**
	严谨性				0.073	0.104	2.432**
追名求富	开放性	0.359	0.129	32.693***	0.150	0.257	6.131***
	宜人性				0.077	0.111	2.959**
	外向性				0.065	0.107	2.609**
社会支持	开放性	0.420	0.176	28.216***	0.177	0.260	5.534***
	宜人性				−0.128	−0.157	−4.238***
	外向性				0.107	0.148	3.699***
	严谨性				0.090	0.128	2.908**
	神经质				0.044	0.079	2.174*

　　多元回归分析结果显示，大学生大五人格中的开放性、外向性、严谨性能共同显著正向预测大学生的创业动机总分和自我实现，其变异系数解释率分别为26.3%、15.8%。大五人格中的开放性、宜人性、外向性能共同显著正向预测大学生创业动机中的追名求富，其变异系数解释率为12.9%。大五人格中的开放性、宜人性、外向性、严谨性、神经质能共同显著预测大学生创业动机中的社会支持，其变异系数解释率为17.6%，其中开放性、外向性、严谨性、神经质为正向预测，宜人性为负向预测。大五人格中的开放性、严谨性、外向性、神经质、宜人性能共同显著预测大学生创业动机中的冒险敢为，其变异系数解释率为33.2%，其中开放性、

严谨性、外向性、宜人性为正向预测，神经质为负向预测。

（四）小结与讨论

研究结果得到，大五人格中的开放性、宜人性、严谨性与大学生的创新创业意识有显著的正向关系，而大五人格中的外向性和神经质与大学生的创新创业意识有显著的负向关系。换言之，大学生积极的人格特质有利于大学生创新创业意识的发展。该结果与王艳平、赵文丽（2018）的研究结果一致，该研究得到外倾性、宜人性、责任感、开放性对员工创造力有正向影响，神经质对员工创造力有负向影响。

另外，有研究认为，开放性的强弱能够很好地预测创造性的强弱。在日常生活中，开放性得分高的人往往富有想象力和创造力，并且好奇心强、兴趣广泛，善于欣赏艺术，情感体验深刻，乐于迎接挑战，具有开放的价值观等，这些特质对于创造发明、艺术创作等创造性活动来说都是十分重要的。Silvia 等人（2008）的研究发现，那些对外部世界或新的体验趋于开放的人更具有创造性。姚若松等人（2013）的研究也发现，开放性得分高的员工乐于接受新生事物和新观念，在工作中能产生一些新的想法，因此工作绩效也更高。可见，大五人格中与创造性关系最为密切的是开放性，不管是对于"大 C"创造性，还是对于"微 C"创造性来说，想象力、好奇、兴趣、敏感性等个性品质都是必不可少的，开放性对于创造潜能的开发与创造性的培养也是十分重要的。外向者乐于与人相处，充满活力，常常怀有积极的情绪体验；责任心得分高的人行为规范、为人可靠，有能力，也有责任心。所以，在人格上外向、开放、有责任心的大学生可能已经经历过或表现出微 C 创造性，也获得过微 C 创造性的体验，他们便能更好地理解与认识到微 C 创造性的重要性。可见，责任心与创造性的关系也是比较密切的，该特质对于创造性培养也是比较重要的，与懒散、马虎、自控能力弱的个体相比，严谨、讲究、自控能力强的个体更能对某行动或事件给出个性化色彩的诠释，也更能获得扎实的专业基础知识，而这些条件都是创造性发展必备的。

创业活动更需要创业者的主动性行为，如刘栋等人认为，主动性人格特质会显著影响创业意向，这是因为主动性人格特质显著的个体更喜欢挑战自我，也善于抓住机会，改变现状。陈从军和杨瑾（2022）认为不同水平的主动性人格的个体在创业激情对创业倾向的影响程度上可能不同。当个体的主动性人格水平较高时，个体就拥有积极的心态和更高的价值追求，他们渴望成功，善于改变环境，会果断采取措施，把创业激情转化为实践动力，投入到创业活动中，使自己的意愿变成现实；而当个体的主动性人格水平较低时，个体一般处于被动状态，不喜欢改变，应对问题的积极性和主动性不高，创业激情更多地停留在思想上，参与创业活动的意愿也不高。曾晖等人（2013）研究也得到大学生创造力倾向与艾森克（EPQ）人格特质存在内在联系的结论。具体说来，外向者爱好广泛，对外界充满兴趣，渴望刺激和冒险，这增加了好奇心、冒险和挑战等维度的得分。内外向得分高者，表示有较高的"开放性"，则创造力倾向强；神经质得分高者，表示其"宜人性"较差，则创造力倾向强。

第七章 父母教养方式与大学生
创新创业意识发展的关系

一、父母教养方式与创新创业意识相关研究综述

（一）父母教养方式的概念

教养方式已经获得了各个科学学科的大量关注和研究。许多理论都强调，父母教养方式在儿童发展中起着至关重要的作用。在研究育儿时，研究人员考虑了教养实践、教养维度或教养方式等多种策略。教养实践可以被定义为父母用来使孩子社会化的直接可观察的具体行为（Darling，Steinberg，1993）。科学家一致认为，教养子女至少存在两个广泛的维度，即父母的支持和父母的控制。父母的支持属于亲子关系的情感性质，表现为参与、接受、情感可用性、温暖和反应（Cummings et al.，2000）。控制维度又被细分为心理控制和行为控制（Barber，1996；Schaefer，1965；Steinberg，1990）。父母行为控制包括试图控制、管理或规范孩子的行为，可以通过强制要求和规则、纪律策略、奖惩控制或监督功能来实现（Barber，2002；Maccoby，1990；Steinberg，1990）。适当的行为控制被认为对儿童的发展有积极影响，而不足（如父母监督不力）或过度的行为控制（如父母体罚）通常与消极的儿童发展结果有关，如偏差行为、不当行为、抑郁和焦虑情绪（如 Barnes，Farrell，1992；Coie，Dodge，1998；Galambos et al.，2003；Patterson et al.，1984）。父母行为控制是指对孩子行为的控制，而父母心理控制属于一种侵入式控制，即父母试图操纵孩子的思想、情绪和感觉（Barber，1996；Barber et al.，2005）。由于其操控性和侵入性，心理控制几乎只与儿童和青少年的负面发展结果有关，如抑郁、反社会行为

和关系倒退等（Barber，Harmon，2002；Barber et al.，2005；Kuppens et al.，2013）。虽然两个教养维度（支持、心理控制和行为控制）在一定程度上是相关的，但是它们在概念上是不同的（Barber et al.，2005；Soenens et al.，2012）。

Baumrind（1966，1967，1971）被普遍认为是研究教养方式的先驱。她引入了三种教养方式的类型来描述正常教养行为的差异：专制型、权威型和宽容型。Baumrind（1971）认为，专制型父母试图基于一套绝对的标准来塑造、控制和评估孩子的行为；而宽容型父母则更温暖，更有自主权，而不是控制。她认为权威的教养方式介于这两个极端之间。20世纪80年代，Maccoby和Martin（1983）试图将Baumrind的类型学和教养维度联系起来。基于要求型和响应型两个维度的结合，他们定义了四种育儿方式：权威型（高要求和高响应）、专制型（高要求和低响应）、放纵型（低要求和高响应）、忽视型（低要求和低响应）。这两个教养维度是相似的，但与"父母支持"和"父母行为控制"维度并不完全相同。基于Maccoby和Martin的研究，Baumrind（1989，1991）扩展了她的类型，提出了第四种育儿方式，即"忽视型"育儿方式。Baumrind还广泛研究了父母教养方式与儿童发展之间的关系（1967，1971，1989，1991）。这项研究表明，权威型父母教养出的青少年具有最有利的发展结果；专制型和纵容型父母与消极的发展结果相关；而被父母疏忽的孩子的结果是最糟糕的。上述这些联系也被其他研究人员证实了。权威的教养方式一直与青少年的积极发展结果有关，如社会心理能力（成熟、韧性、乐观、自我约束、社交能力、自尊）和学术成就（Baumrind，1991；Lamborn et al.，1991；Steinberg et al.，1994）等。关于宽容型/放纵型父母的研究结果与内化问题行为（焦虑、抑郁、孤陋寡欢的行为、躯体抱怨）和外化问题行为（学校行为不端、青少年犯罪）之间的关联并不一致，但与社交技能、自信、自我理解和积极的问题应对存在关联（Lamborn et al.，1991；Steinberg et al.，1994；Williams et al.，2009；Wolfradt et al.，2003）。专制型教养方式一直与消极的发展结果有关，如攻击、不良行为、躯体抱怨、去人格化和焦虑（Hoeve et al.，2008；Steinberg et al.，1994；Williams et al.，2009；Wolfradt et al.，2003）。忽视型父母的孩子在多个方面表现出最不利的结果，如缺乏自我调节和社会责任、较差的自立和社会能力、较差的学校能力、反社会行为和犯罪、焦虑、抑郁和躯体抱怨（Baumrind 1991；Hoeve et al.，

2008；Lamborn et al.，1991；Steinberg et al.，1994）。

（二）父母教养方式与创新创业意识的相关研究概述

父母教养方式是父母的教养观念、教养行为及对子女情感表现的综合体现。研究表明父母教养方式会影响子女的创造性。研究发现专制型的教养方式显著负向预测个体的创造性，而宽容、民主的教养方式与创造性显著正相关，父母的鼓励也与子女创造性显著正相关。张景焕等人的研究进一步发现温暖、理解的教养方式与创造性正相关，而惩罚、严厉的教养方式与创造性负相关。父母的温暖情感是有利于子女创造性发展的，而拒绝、否认等则不利于创造性的发展，即父母的温暖、理解可以正向预测子女的创造力，而父母的严厉、惩罚负向预测子女的创造力。

胡紫薇等（2020）认为，家庭环境为创造性人才的成长提供了必要的"土壤"。采用多种手段研究创新型人才的发展与遗传和环境的关系及其交互模式，是一个意义深远的课题。他们通过整理三位诺贝尔奖获得者的访谈资料发现，诺贝尔获奖者在追寻各自感兴趣的事物时，均得到了父母的支持与鼓励。他们都有提及父母除了参与他们的学业活动，还积极地为他们参与音乐和体育等课外活动提供机会。同时，他们还提到了父母的爱护与关心，这也给个体的成就动机和行为以支持和肯定。

总体而言，已有的研究倾向于认为民主的父母教养方式能够促进子女创造力发展，而专制的父母教养方式则会阻抑子女的创造力发展。然而，国内关于父母教养方式与创新创业意识之间关系的研究比较少，特别是鲜有研究考察父母教养方式与大学生创新创业意识的关系。

二、父母教养方式对大学生创新精神的影响

（一）母亲教养方式与大学生创新精神的相关分析

将母亲教养方式的各维度与大学生创新精神主体、客体两个方面的各维度及总分进行皮尔逊积差相关分析，结果见表7.1。

表 7.1 母亲教养方式与大学生创新精神的相关分析

维度	拒绝型	情感温暖型	过度保护型
灵活与变通性	-0.101**	0.260**	-0.001
标新立异性	-0.039	0.275**	0.040
批判性	-0.063	0.110**	-0.059
反思性	-0.130**	0.212**	-0.067
创新精神主体方面	-0.110**	0.299**	-0.024
教师支持	-0.100*	0.166**	-0.048
大学课程	-0.023	0.221**	0.089
同伴影响	-0.164**	0.304**	-0.016
创新精神客体方面	-0.130**	0.307**	0.006
创新精神总分	-0.135**	0.344**	-0.013

结果显示，拒绝型的母亲与大学生创新精神的灵活与变通性、反思性、创新精神主体方面、教师支持、同伴影响、创新精神客体方面、创新精神总分多个方面呈显著负相关，而母亲拒绝与标新立异性、批判性、大学课程等不存在显著的相关关系。情感温暖型的母亲与大学生创新精神各方面均呈显著的正相关关系。过度保护型的母亲与大学生的创新精神各方面表现均不存在显著的相关关系。

（二）父亲教养方式与大学生创新精神的相关分析

将父亲教养方式的各维度与大学生创新精神主体、客体两个方面的各维度及总分进行皮尔逊积差相关分析，结果见表 7.2。

表 7.2 父亲教养方式与大学生创新精神的相关分析

维度	拒绝型	情感温暖型	过度保护型
灵活与变通性	-0.071	0.268**	-0.004
标新立异性	-0.034	0.240**	0.003
批判性	-0.034	0.096*	-0.040
反思性	-0.102**	0.210**	-0.057

维度	拒绝型	情感温暖型	过度保护型
创新精神主体方面	−0.080*	0.282**	−0.030
教师支持	−0.109**	0.155**	−0.066
大学课程	−0.012	0.190**	0.046
同伴影响	−0.164**	0.300**	−0.026
创新精神客体方面	−0.130**	0.287**	−0.025
创新精神总分	−0.115**	0.324**	−0.032

结果显示，拒绝型的父亲与大学生创新精神的反思性、创新精神主体方面、教师支持、同伴影响、创新精神客体方面、创新精神总分呈显著负相关，而与其他方面不存在显著相关关系。情感温暖型的父亲与大学生创新精神各维度及总分均呈显著正相关关系。过度保护型的父亲与大学生创新精神的各个维度及总分均不存在显著的相关关系。

（三）父母教养方式对大学生创新精神的回归预测分析

为了进一步探讨父母教养方式与大学生创新精神的关系，以父母教养方式各维度为自变量、创新精神各维度及总分为因变量进行多元逐步回归分析。同时以大学生创新精神总分为因变量、以父母支持和父母控制为自变量进行一元线性回归分析。分析结果如表 7.3 所示。

表 7.3　父母教养方式对大学生创新精神的回归预测分析

因变量	自变量	R	R^2	F	B	Beta	t
灵活与变通性	父亲情感温暖	0.275	0.076	53.252***	0.205	0.275	7.297***
标新立异性	母亲情感温暖	0.275	0.076	53.265***	0.249	0.275	7.298***
批判性	父亲情感温暖	0.115	0.013	8.760***	0.080	0.115	2.960***
反思性	父亲情感温暖	0.239	0.057	19.581***	0.133	0.205	5.231***
	母亲拒绝				−0.063	−0.085	−2.176**
教师支持	母亲情感温暖	0.166	0.028	18.424***	0.138	0.166	4.292***
大学课程	母亲情感温暖	0.240	0.058	19.877***	0.155	0.223	5.860***
	母亲过度保护				0.060	0.093	2.441**

表7.3(续)

因变量	自变量	R	R^2	F	B	Beta	t
同伴影响	母亲情感温暖	0.332	0.110	26.792***	0.192	0.274	7.209***
	父亲拒绝				-0.135	-0.176	-3.602***
	父亲情感温暖				0.070	0.102	2.138**
创新精神总分	母亲情感温暖	0.344	0.118	15.723***	1.188	0.344	9.331***
创新精神总分	父母支持	0.350	0.123	90.764***	0.607	0.350	9.527***
创新精神总分	父母控制	0.080	0.006	4.157*	-0.079	-0.080	-2.039*

多元回归分析结果表明，父母教养方式中仅父亲情感温暖维度能显著正向预测大学生创新精神主体方面的灵活与变通性，能解释7.6的方差变异大小。父母教养方式中仅母亲情感温暖维度能显著正向预测大学生创新精神主体方面的标新立异性，能解释7.6的方差变异大小。父母教养方式中仅父亲情感温暖维度能显著正向预测大学生创新精神主体方面的批判性，能解释1.3%的方差变异大小。父母教养方式中父亲情感温暖维度和母亲拒绝维度能共同显著预测大学生创新精神主体方面的反思性，能解释5.7%的方差变异大小，其中父亲情感温暖为正向预测，而母亲拒绝为负向预测。母亲情感温暖维度能显著正向预测大学生创新精神客体方面的教师支持，能解释2.8%的方差变异大小。母亲情感温暖、母亲过度保护能共同显著正向预测大学生创新精神客体方面的大学课程，能解释5.8%的方差变异大小。母亲情感温暖、父亲拒绝和父亲情感温暖能共同显著正向预测大学生创新精神客体方面的同伴影响，能解释11.0%的方差变异大小，其中母亲情感温暖和父亲情感温暖为正向预测，父亲拒绝为负向预测。父母教养方式中仅母亲情感温暖能显著正向预测大学生创新精神总分，能解释11.8%的方差变异大小。同时一元线性回归分析分别得到父母支持能显著正向预测大学生的创新精神，变异解释率大小为12.3%；父母控制能显著负向预测大学生的创新精神，但接近边缘显著水平，变异解释率大小仅为0.6%。

三、父母教养方式对大学生创业意识的影响

（一）母亲教养方式与大学生创业意识的相关分析

将母亲教养方式各维度与大学生创业意识各维度及总分进行皮尔逊积差相关分析，结果见表7.4。

表7.4　母亲教养方式与大学生创业意识的相关分析

维度	拒绝型	情感温暖型	过度保护型
创业主动性	0.137**	0.058	0.110**
创业渴望	−0.060	0.144**	−0.005
创业支持感	0.077	0.086*	0.056
创业回避	0.179**	−0.161**	0.124**
创业承担	−0.027	0.151**	0.016
创业意识总分	−0.012	0.169**	0.028

积差相关分析结果显示：拒绝型的母亲与大学生创业意识的创业主动性、创业回避呈显著正相关，而与创业意识的其他方面不存在显著的相关关系；情感温暖型的母亲与大学生创业意识的创业渴望、创业支持感、创业承担及创业意识总分呈显著正相关，而与创业回避呈显著负相关关系；过度保护型的母亲与大学生创业意识的创业主动性、创业回避呈显著的正相关关系，而与创业意识的其他方面不存在显著的相关关系。

（二）父亲教养方式与大学生创业意识的相关分析

将父亲教养方式各维度与创业意识各维度及总分进行皮尔逊积差相关分析，结果见表7.5。

表7.5　父亲教养方式与大学生创业意识的相关分析

维度	拒绝型	情感温暖型	过度保护型
创业主动性	0.129**	0.111**	0.125**
创业渴望	−0.047	0.154**	0.005

表7.5(续)

维度	拒绝型	情感温暖型	过度保护型
创业支持感	0.057	0.114**	0.019
创业回避	0.185**	−0.094*	0.136**
创业承担	−0.022	0.156**	0.026
创业意识总分	−0.015	0.187**	0.021

　　积差相关分析结果显示：拒绝型的父亲与大学生创业意识中的创业主动性、创业回避呈显著正相关关系，而与创业意识的其他方面不存在显著相关。情感温暖型的父亲与大学生创业意识中的创业主动性、创业渴望、创业支持感、创业承担、创业意识总分呈显著正相关关系，而与创业回避呈显著负相关关系。过度保护型的父亲与大学生的创业主动性、创业回避呈显著正相关关系，而与其他方面相关不显著。

（三）父母教养方式对大学生创业意识的回归预测分析

　　为了进一步探讨父母教养方式与大学生创业意识的关系，以父母教养方式各维度为自变量、创业意识各维度及总分为因变量进行逐步回归分析。同时以大学生创业意识总分为因变量、以父母支持和父母控制为自变量进行一元线性回归分析。分析结果如表7.6所示。

表7.6　父母教养方式对大学生创业意识的回归预测分析

因变量	自变量	R	R^2	F	B	Beta	t
创业主动性	母亲拒绝	0.183	0.034	11.264***	0.163	0.165	4.163***
	父亲情感温暖				0.109	0.125	3.154***
创业渴望	父亲情感温暖	0.157	0.025	16.505***	0.121	0.157	4.063***
创业支持感	父亲情感温暖	0.145	0.021	6.938***	0.105	0.126	3.160***
	母亲拒绝				0.099	0.105	2.630***
创业回避	父亲拒绝	0.220	0.048	16.431***	0.141	0.152	3.886***
	母亲情感温暖				−0.109	−0.130	−3.309**
创业承担	父亲拒绝	0.155	0.024	16.054***	0.085	0.155	4.007***
创业意识总分	父亲拒绝	0.179	0.032	21.633***	0.444	0.179	4.651***

表7.6(续)

因变量	自变量	R	R^2	F	B	Beta	t
创业意识总分	父母支持	0.181	0.033	21.994***	0.239	0.181	4.690***
创业意识总分	父母控制	0.008	0.000	0.037	0.006	0.008	0.193

多元回归分析结果表明：母亲拒绝、父亲情感温暖能共同显著正向预测大学生的创业主动性，能预测3.4%的变化；父亲情感温暖能显著正向预测大学生的创业渴望，能预测2.5%的变化；父亲情感温暖、母亲拒绝能共同显著正向预测大学生的创业支持感，能预测2.1%的变化；父亲拒绝和母亲情感温暖能共同显著预测大学生的创业回避，能预测4.8%的变化，其中父亲拒绝为正向预测，母亲情感温暖为负向预测；父亲拒绝能显著正向预测大学生的创业承担，能预测2.4%的变化；父亲拒绝能显著正向预测大学生的创业意识总分，能预测3.2%的变化。同时，一元线性回归分析得到，父母支持能显著正向预测大学生的创业意识，变异解释率大小为3.3%，但父母控制不能显著预测大学生的创业意识。

四、父母教养方式对大学生创业动机的影响

（一）母亲教养方式与大学生创业动机的相关分析

将母亲教养方式各维度与大学生创业动机各维度及总分进行皮尔逊积差相关分析，结果见表7.7。

表7.7　母亲教养方式与大学生创业动机的相关分析

维度	拒绝型	情感温暖型	过度保护型
冒险敢为	−0.150**	0.243**	−0.053
自我实现	−0.092*	0.174**	0.023
追名求富	−0.137**	0.170**	−0.008
社会支持	0.155**	0.088*	0.104**
创业动机总分	−0.060	0.203**	0.025

结果显示，母亲的不同教养方式与大学生创业动机的关系表现不同，拒绝型的母亲与大学生创业动机中的冒险敢为、自我实现、追名求富呈显著负相关，而与创业动机中的社会支持呈显著正相关。情感温暖型的母亲与大学生创业动机中的冒险敢为、自我实现、追名求富、社会支持及创业动机总分均呈显著的正相关关系。过度保护型的母亲与大学生创业动机中的社会支持呈显著正相关关系，而与其他方面的相关不显著。

（二）父亲教养方式与大学生创业动机的相关分析

将父亲教养方式各维度与大学生创业动机各维度及总分进行皮尔逊积差相关分析，结果见表 7.8。

表 7.8　父亲教养方式与大学生创业动机的相关分析

维度	拒绝型	情感温暖型	过度保护型
冒险敢为	−0.142**	0.250**	−0.080*
自我实现	−0.093*	0.201**	−0.004
追名求富	−0.114**	0.179**	−0.019
社会支持	0.156**	0.137**	0.121**
创业动机总分	−0.051	0.232**	0.011

积差分析结果显示，拒绝型的父亲与大学生创业动机中的冒险敢为、自我实现、追名求富呈显著负相关关系，与社会支持呈显著正相关关系。情感温暖型的父亲与大学生创业动机中的冒险敢为、自我实现、追名求富、社会支持及创业动机总分均呈显著的正相关关系。而过度保护型的父亲与大学生创业动机中的冒险敢为呈显著负相关关系，与社会支持呈显著正相关关系，但与创业动机的其他方面不存在显著相关。

（三）父母教养方式对大学生创业动机的回归预测分析

为了进一步探讨父母教养方式与大学生创业动机的关系，以父母教养方式各维度为预测变量、大学生创业动机各维度及总分为因变量进行多元逐步回归分析，分析结果如表 7.9 所示。

表 7.9　父母教养方式对大学生创业动机的回归预测分析

因变量	自变量	R	R^2	F	B	Beta	t
冒险敢为	母亲情感温暖	0.260	0.068	23.567***	0.174	0.220	5.638***
	母亲拒绝				−0.082	−0.097	−2.490**
自我实现	父亲情感温暖	0.201	0.040	27.365***	0.176	0.201	5.231***
追名求富	母亲情感温暖	0.197	0.039	13.103***	0.117	0.146	3.684***
	母亲拒绝				−0.088	−0.103	−2.594***
社会支持	父亲拒绝	0.222	0.049	16.862***	0.195	0.190	4.861***
	父亲情感温暖				0.141	0.161	4.105***
创业动机总分	父亲情感温暖	0.222	0.049	33.581***	0.589	0.222	5.795***

积差相关分析结果表明：母亲情感温暖和母亲拒绝维度能共同显著预测大学生创业动机的冒险敢为，其变异系数解释率为 6.8%，其中母亲情感温暖为正向预测，而母亲拒绝为负向预测；父亲情感温暖能显著正向预测大学生创业动机的自我实现，其变异系数解释率为 4.0%；母亲情感温暖和母亲拒绝维度能共同显著预测大学生创业动机的追名求富，其变异系数解释率为 3.9%，其中母亲情感温暖为正向预测，母亲拒绝为负向预测；父亲拒绝和父亲情感温暖能共同显著正向预测大学生的社会支持，其变异系数解释率为 4.9%；父亲情感温暖能显著正向预测大学生创业动机总分，其变异系数解释率为 4.9%。

五、小结与讨论

研究得到父母教养方式中情感温暖对大学生的创新创业意识存在正向的影响作用，而拒绝型对大学生的创新创业意识存在负向影响，同时父母教养方式中过度保护型与大学生的创新创业意识关系不是很密切，研究结果说明不同的家庭教养方式对大学生的创新创业意识发展的影响存在较大差异。很多研究（顾学勤 等，2018；王安琪 等，2018）表明，家庭的教育环境是影响其创造性的重要因素，教育子女的方式以及家庭氛围，都在不同程度上影响孩子的创造性，父母对子女的期望普遍高，他们对子女的要求过于严格，过分追求孩子的共鸣，要求孩子服从，家庭缺乏民主气氛，这样家庭环境下生活的孩子创造性差。家庭是大学生创业者是否产生创业动机的重要因素，在成长环境中，经常受到创业成功案例影响并获得家庭支持的大学生容易产生创业动机。父母亲情感温暖对子女有较大的影响，父母与子女的关系密切，更多地关注子女的成长，支持其行为，有利于其创造性思维的发展。父亲拒绝维度得分越高，其创业回避越低。

父母给予子女温暖、理解，体现了父母的鼓励、支持和民主，在这种安全和自由的教养氛围下，子女能够进行自主决定和自由表达，有利于大学生创新创业意识的发展；然而，父母惩罚、严厉则反映了父母对子女行为的否定和控制，破坏了子女向外探索的安全感和自信心，阻抑了子女创造性的表达，不利于大学生创新创业意识的发展。父母为子女营造自由、民主和理解的环境有助于其创造性的发展，同时对于子女自主探索环境、独立做出决策也有重要作用。父母对子女行为的否定、惩罚和控制，不利于子女环境探索的自信心发展，进而对其创造性发展产生抑制作用。安全、自由、民主和理解的家庭环境有助于子女创造性的发展，促进了该家庭中子女对外部环境的自主探索力，发展了子女的独立决策能力。

同时，寇冬泉（2018）的研究也得到创造性人格及其维度与专制型教养方式之间呈负相关的结论，其中创造性人格及冒险性和好奇心维度与专制型教养方式之间存在显著负相关。究其原因，专制型教养方式会对子女采取强制性命令式教育，不允许子女与父母意见相左，强迫子女服从父母的一切命令。在专制型教养方式中长大的子女，很难使自己天马行空的创造性想象得到父母的认可和鼓励，探索行为也常常在父母的权威面前烟消云散；同时，这类个体在少年儿童时期便逐渐失去了与生俱来的对周围世界的敏感性和好奇心，创造性人格的发展也受到了抑制。创造性人格及冒险性、好奇心、挑战性与民主型教养方式都呈显著性正相关，民主型教养方式才有利于孩子创造力的发展。究其原因，民主型教养方式对子女以民主的方式进行教育，既给予子女自由、信任、尊重、温暖、支持、宽容，又给予子女必要的清晰的行为规则和界限，这样，子女才更有动力去探索世界，独立地进行各种活动，成功时获得及时的行为强化，失败时获得及时的帮助和宽容，从而不断地从自由探索活动中获得成就感、自信心和活动乐趣，促进其创造性人格的形成和不断发展。

张惠敏等人（2014）的研究也得出父母亲的温暖、理解有利于个体的创造性的发展的结论。父母的情感温暖有利于其创造性的良好发展，而拒绝否认、严厉惩罚等消极方式则不利于个体创造性的发展。父母的温暖、理解对于孩子的好奇心、冒险性、挑战性和想象力的发展有着极大的推动作用，这样的教养方式使子女不惧怕失败，敢于尝试和探索，自信心强，有利于创新创造的发挥。李建全等人（2014）的研究得到支持型教养更有利于子女创造性态度和思维中独创性的发展，而忽视型教养更不利于子女创造性态度和思维中独创性的发展。可能的解释是，在温暖理解的教养氛围中，父母能给予子女更多的关爱和指导，子女能够在心理自由的条件下进行更多的冒险性和创造性活动，从而促进其创造性态度和创造性思维的发展；而父母对子女放任自流、不管不问的话，就会让子女在缺乏支持和指导的环境中不知所措，因而创造性潜能得不到开发。

曾晖等人（2013）也发现大学生的创造力倾向和父母教养方式存在一定的关系。惩罚严厉、过度干涉、过度保护、拒绝否认、偏爱等因子都是消极的父母养育方式：父亲惩罚严厉和拒绝否认属于专制的教养方式，这样的父亲常采取强制手段令子女听命，漠视子女的兴趣和意见，不允许子女有发言权，要求绝对服从，即使有小的错误也会遭到训斥和惩罚，结果压抑了小孩的独立性和创造性；父母过度干涉或过度保护表现为不合理的在身体和行为上的强制，容易使子女形成自我约束、谨小慎微和依赖等不良的人格特质，对其冒险性、好奇性、挑战性及好奇心的培养有抑制作用；偏爱则容易使子女形成依赖的个性。研究还发现，有创造性潜能的大学生过度干涉和过度保护的因子分明显低于创造力倾向一般的大学生的因子分，说明父亲的养育方式是造成子女创造力倾向存在差异的重要因素，这符合我国男权主义的传统文化，父亲在家庭中是知识和经验的权威，权威对整个家庭乃至家庭成员的影响更大。研究显示，在创造力倾向高的家庭中，父亲较少地使用过度干涉和过度保护，那这样的父亲更可能像多数父亲一样偏好赏识和鼓励（邓林科，2009），这对子女形成开放、主动、怀有冒险、好奇、挑战和丰富的想象力的个性具有非常重要的作用。

胡春鲜（2018）的研究得出大学生创造力与父母教养方式关系密切的结论。相关分析表明，父母的情感温暖与大学生的冒险性、好奇性、想象力和挑战性均显著正相关，这与以往大多数研究结果一致，父母的温暖理解可以正向预测子女的创造力，而惩罚严厉则会负向预测子女的创造力（谷传华，2008）。父母给予子女的情感温暖，体现了父母的宽容、民主和鼓励，通常创造性个体所成长的家庭环境都具有较多的独立和自由及解决问题的机会，父母多采取民主型的家庭教养方式，对孩子具有较高的期望

（董奇，1993）。此外，情感温暖为孩子的心理安全提供了保证，心理学家罗杰斯认为"心理安全"和"心理自由"是创造性活动的两个基本条件（罗杰斯，2004），当个体的心理安全和心理自由获得满足时，个体就能够自由地表达自己的思想，从而也就能表现出极高的创造性水平。父母的情感温暖有利于创造个性的良好发展，而拒绝否认、严厉惩罚等消极方式则对创造个性的发展有消极影响。

第八章 教师教育教学方式与大学生创新创业意识发展的关系

一、教师教育教学方式对大学生创新创业影响的研究概述

近年来，国内外一直都把培养学生的创造力与创新精神放在了非常重要的地位。然而，在应试教育环境下，学校的大多数考试主要要求的是集中思维（求同思维），而摒弃了发散思维（求异思维）。青少年个体和我们的教育主体都更有可能投资于传统教育技能，而不是创造性技能；青少年创新创造的发展会被以应试教育为主的课堂条件和指导所抑制，而当教学活动是以启迪思维的方式呈现时，创新创造才可能会释放出来。同时，教师本身就是孩子的潜在榜样，他们的期望对青少年的成长是非常有影响力的，更重要和更有意义的是，创新创造可能有助于教师的效率，即影响教学的不是教师，而是创新创造。

在国内的教学实践中，通常会发现创新创造高的学生表现出的某些特点或许是不受欢迎的。有研究发现，不同的大五人格特质对大学生的创新行为存在着不同的显著影响（刘怡 等，2020），基于青少年的这一个性发展特点，从另一角度也折射出在因材施教等方面，教师使用不同的教育教学方式和方法，对培养个体创新创造所起到的重要引导作用。国内研究创造力领域的心理学者胡卫平认为，影响中小学生创造力发展的课堂教学因素主要有教师素质、课堂环境、教学方法、动机因素和情绪状态。在这些因素中，教师素质决定着课堂环境的创设和教学方法的选择，课堂环境和教学方法直接影响学生创造力的发展，同时也分别通过动机因素和情绪状态间接影响学生创造力的发展（胡卫平，2010）；教师教学方法和教学理念是影响学生创造性问题提出能力的最重要的教师因素（李贵安 等，2014）。

Claxton 等人（2006）的研究提出，英国学校必须从允许在课堂上发挥创造力转向发展创造力，并且为了支持这一观点，他们提供了行动研究项目中的实际案例，这些项目旨在培养学生拥有有利于创造力的思维习惯。国内一些研究人员也考察了教学中偏好的思维方式与创新创造的关系，结果发现高创新创造的青少年对那些循规蹈矩的教学方式具有强烈的厌恶感，这些教学方式要求学生同时处理多项任务，却没有培养学生轻重缓急的意识，这些教学方式还限制了学生的多角度发展，仅让他们独立完成任务，并没有让其学会与他人合作（Zhang L F，2006）。Forrester 和 Hui（2007）以香港的 27 个小学班级和教师为研究对象，运用各种创新措施，并通过课堂观察表、课堂气氛测量、教师用来培养创造性行为的行为指数和创造性人格量表，以及针对中国学生的创造力测试分析研究，发现研究结果支持了流动理论和环境因素对学生动机和创造性行为的影响。Dineen 和 Niu（2008）也探讨了国外的一些创造性教学方法在中国的有效性，如在提高中国大学生的创造力和相关构建（包括内在动机）方面非常有效。

一些涉及全球调查的研究显示，组织领导对员工的知识和技术技能感到很满意，但他们发现许多合格的毕业生竟十分缺乏创新创造能力。例如，英国一份就业调查报告显示，由于缺乏创新创造，信息技术毕业生无法抓住工作机会。在新时代下，创新创造成为毕业生必须拥有的能力了。但有个关键问题是，大多数员工都表示希望自己拥有更高的创新创造水平（75%），可他们在接受教育期间都缺乏锻炼创造性思维的机会（82%）（Ritter et al.，2020）。进化使个体具备了创造性思维，然而我们却经常没有充分利用自己的创造性思维技能。有学者甚至认为一些当前的教育制度与方式削弱了我们的创新创造能力。在有史以来最受关注的 TED 演讲中，教育家肯·罗宾逊（Ken Robinson）声称学校扼杀了青少年的创新创造能力。显然这是一个相当激进的观点，学校在创新创造培养方面还是起到了应有的基本作用，因为学校培养的知识往往是创造力所依赖的。在学校里，孩子们发展了进一步学习所必需的读写能力，而创新创造能力也不是凭空产生的，它是建立在知识的基础上的。但问题关键在于，学校并不太注重在教学和实践中如何利用现有的知识来提出创新想法以及问题的创造性解决方案。

因此，我们十分有必要对教育教学技巧、教师行为和学校中的社会关系是如何影响学生的创新动机和创造力这一问题进行更深入的探讨（Hennessey et al., 2010）。Sternberg（2008）发表了一篇令人深思的论文，其主张将心理学理论应用于教育实践，然而有关教育的文献综述显示，课堂和教育教学方式对青少年创新创造影响探讨的相关调查研究非常少。教育教学方法特别是课堂教学方法是培养学生创造性的关键，这也是本书想要探讨的核心问题。

真正具有创新性的课堂教学应是不受任何一种固定方法限制的，它既要有教师精彩的讲解，又应有学生个性的展示，还应有师生共同研讨的快乐，只有根据教学实际情况灵活采用多种行之有效的教学方法，才能让教师与学生真正体会到教与学的快乐，从而达到理想的教学效果（刘雅静，2015）。扈中平教授指出："多元性教学就是以多元性哲学思想为指导的一种教学理念。它主张教学的多样性、灵活性和应变性，提倡结论的多样性和获得结论的思维方式与认知过程的多样性，强调求异、追求个性、宽容另类、鼓励创新，反对教学的单一性、专制性以及无条件的求同和以循旧性和强制性为前提的统一性。多元性教学的核心理念就是创新，它是学生创新素质培养的重要前提。"多元化教学方法强调的是"获得结论的思维方式与认知过程的多样性"，即体现出教学方法的多样性、灵活性与应变性。多元教学方法是指根据教学诸因素（教学内容、教学条件、教学对象、教学目标等）的差异性，采用多种方法灵活地进行教学，实现教学模式由单纯的知识传授向"创新思维、创新技能"训练的转变（潘柳燕，2012）。

二、教师教育教学方式对大学生创新精神的影响

（一）不同教学风格下大学生创新精神的差异分析

通过调查，让大学生对当前总体的教师教学风格（幽默风趣型、严谨逻辑型、创新探索型、关爱分享型）进行选择，以大学生总体感知到的不同教师教学风格为自变量、大学生的主体创新精神为因变量进行单因素方差分析，结果如表8.1所示。

表 8.1 不同类型教师教学风格下大学生创新精神的方差分析

类型	灵活与变通性	标新立异性	批判性	反思性	主体创新精神
幽默风趣型① (N=144)	22.703±3.372	23.688±3.992	18.924±2.779	17.354±2.807	82.668±9.673
严谨逻辑型② (N=367)	22.088±3.032	23.101±3.382	18.493±2.911	16.610±2.610	80.292±8.562
创新探索型③ (N=72)	22.750±3.249	24.319±3.318	18.958±2.957	17.056±2.808	83.083±8.955
关爱分享型④ (N=69)	22.232±2.931	23.304±3.623	18.652±3.057	16.855±2.799	81.043±9.260
总体 (N=652)	22.312±3.130	23.387±3.559	18.656±2.904	16.850±2.708	81.205±8.989
F	1.869	2.816	1.053	2.783	3.632
P	0.134	0.038	0.369	0.040	0.013
LSD		②<③		②<①	②<①③

单因素方差分析结果表明，不同教师教学风格下，大学生创新精神在标新立异性、反思性和主体创新精神总分三个方面均存在显著差异，其中创新探索型风格下大学生的创新精神表现最佳，而严谨逻辑型教学风格下大学生的创新精神均显著低于幽默风趣型、创新探索型教学风格下大学生的创新精神。换言之，在严谨逻辑型教学风格下，大学生创新精神各方面均表现最差。另外，严谨逻辑型教学风格下大学生的标新立异性显著低于创新探索型教学风格下的大学生，同时严谨逻辑型教学风格下大学生的反思性显著低于幽默风趣型教学风格下的大学生。不同教师教学风格下大学生主体创新精神的具体变化趋势如图 8.1 所示，创新探索型教学风格下大学生的主体创新精神得分最高，严谨逻辑型教学风格下的大学生的主体创新精神得分最低。

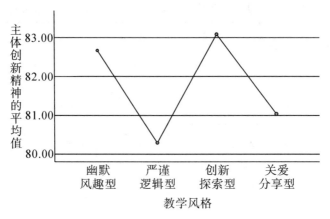

图 8.1 不同教师教学风格下大学生主体创新精神的变化趋势

（二）高校教师多元化教学方式与大学生创新精神的相关分析

以大学生评定的高校教师多元化教学方式使用情况、大学生创新精神主体方面的灵活与变通性、标新立异性、批判性、反思性及总分等多个变量进行皮尔逊积差相关分析，结果如表 8.2 所示。

表 8.2 多元化教学方式与创新精神的积差相关分析（$N=665$）

维度	多元化教学方式	主体创新精神	灵活与变通性	标新立异性	批判性	反思性
多元化教学方式	1					
主体创新精神	0.219**	1				
灵活与变通性	0.222**	0.773**	1			
标新立异性	0.247**	0.807**	0.530**	1		
批判性	−0.007	0.601**	0.285**	0.251**	1	
反思性	0.155**	0.724**	0.413**	0.489**	0.266**	1

积差相关分析结果表明，多元化教学方式与大学生主体创新精神总分、灵活与变通性、标新立异性、反思性等多个方面均呈显著正相关，而与批判性相关不显著。换言之，高校教师采用的多元化教学方式越多，大学生的创新精神越高。

（三）高校教师多元化教学方式对大学生创新精神的回归预测分析

以高校教师多元化教学方式为自变量，以大学生创新精神主体方面的灵活与变通性、标新立异性、反思性及总分等为因变量进行一元线性回归分析。结果如表8.3所示。

表8.3　多元化教学方式对大学生创新精神的回归预测分析

因变量	自变量	R	R^2	F	B	Beta	t
灵活与变通性	多元化教学方式	0.222	0.049	34.208***	0.078	0.222	5.849***
标新立异性		0.247	0.061	43.252***	0.099	0.247	6.577***
反思性		0.155	0.024	16.395***	0.048	0.155	4.049***
主体创新精神		0.219	0.048	33.447***	0.223	0.219	5.783***

一元线性回归分析结果表明，高校教师多元化教学方式可以分别显著正向预测大学生创新精神的灵活与变通性、标新立异性、反思性以及主体创新精神，变异系数解释率分别为4.9%、6.1%、2.4%、4.8%，说明多元化的教学方式对大学生标新立异性方面的创新精神影响最大，高校教师采用的多元化教学方式越丰富，对提高大学生在标新立异性、灵活与变通性、反思性等方面的创新精神就越有效。高校教师多元化教学方式与大学生主体创新精神的线性回归趋势如图8.2所示。

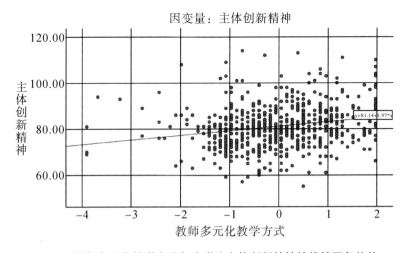

图8.2　教师多元化教学方式与大学生主体创新精神的线性回归趋势

三、教师教育教学方式对大学生创业意识的影响

（一）不同教学风格下大学生的创业意识的差异

以大学生总体感知到的不同教师教学风格为自变量、大学生创业意识各维度及总分为因变量进行单因素方差分析，结果如表8.4所示。

表8.4 大学生创业意识在教学风格上的差异分析（$M\pm SD$）

维度	幽默风趣型①（$n=144$）	严谨逻辑型②（$n=368$）	创新探索型③（$n=72$）	关爱分享型④（$n=68$）	F
创业主动性	13.00±3.74	12.06±3.63	12.63±3.60	12.06±3.72	2.54
创业渴望	13.83±3.15	13.48±3.19	13.76±3.10	13.82±3.29	0.61
创业支持感	16.18±3.45	15.97±3.43	16.69±3.36	16.04±3.78	0.91
创业回避	11.56±3.68	11.97±3.15	11.25±3.15	11.52±3.41	0.52
创业承担	10.21±2.48	10.06±2.29	10.43±2.14	10.50±2.16	1.37
创业意识总分	66.13±11.03	64.10±10.17	66.92±9.27	64.93±9.79	2.36

结果显示，大学生创业意识各维度及总分在总体教学风格上均不存在显著性差异。不同教师教学风格下大学生创业意识的具体变化趋势如图8.3所示，创新探索型教学风格下大学生的创业意识得分最高，严谨逻辑型教学风格下的大学生的创业意识得分最低。

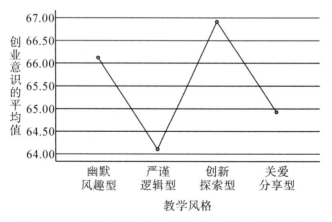

图8.3 不同教师教学风格下大学生创业意识的变化趋势

（二）高校教师多元化教学方式与大学生创业意识的相关分析

以大学生评定的高校教师多元化教学方式使用情况、大学生创业意识的创业主动性、创业渴望、创业支持感、创业回避、创业承担、创业意识总分等多个变量进行皮尔逊积差相关分析，结果如表8.5所示。

表8.5　多元化教学方式与创业意识的积差相关分析（$N=665$）

维度	多元化教学方式	创业主动性	创业渴望	创业支持感	创业回避	创业承担	创业意识
多元化教学方式	1						
创业主动性	0.210**	1					
创业渴望	0.192**	0.467**	1				
创业支持感	0.199**	0.534**	0.446**	1			
创业回避	−0.076*	−0.118**	−0.175**	−0.006	1		
创业承担	0.248**	0.445**	0.483**	0.425**	−0.220**	1	
创业意识总分	0.277**	0.786**	0.764**	0.755**	−0.296**	0.711**	1

积差相关分析结果表明，多元化教学方式与大学生创业意识中的创业主动性、创业渴望、创业支持感、创业承担及创业意识总分均呈显著的正相关，而与创业回避呈显著负相关，即高校教师采用的多元化教学方式越多，大学生的创业意识越高。

（三）高校教师多元化教学方式对大学生创业意识的回归预测

以高校教师多元化教学方式为自变量、大学生创业意识各维度及总分等为因变量进行一元线性回归分析，结果如表8.6所示。

表8.6　多元化教学方式对大学生创业意识的回归预测分析

因变量	自变量	R	R^2	F	B	Beta	t
创业主动性		0.210	0.044	30.649***	0.087	0.210	5.536***
创业渴望		0.192	0.037	25.408***	0.069	0.192	5.041***
创业支持感	多元化教学方式	0.199	0.040	27.440***	0.078	0.015	5.238***
创业回避		0.076	0.006	3.892*	−0.029	−0.076	−1.973*
创业承担		0.248	0.061	43.285***	0.064	0.248	6.579***
创业意识		0.277	0.077	54.998***	0.323	0.277	7.416***

回归分析结果表明，高校教师多元化教学方式可以分别显著正向预测大学生创业意识的创业主动性、创业渴望、创业支持感、创业承担及创业意识总分，能显著负向预测大学生的创业回避，并且对大学生创业承担的变异解释率最大，为6.1%。分析结果说明，多元化的教学方式对大学生创业承担方面的创业意识影响最大，高校教师采用的多元化教学方式越丰富，对提高大学生在创业主动性、创业渴望、创业支持感、创业承担等方面的创业意识就越有效。高校教师多元化教学方式与大学生创业意识的线性回归趋势如图8.4所示。

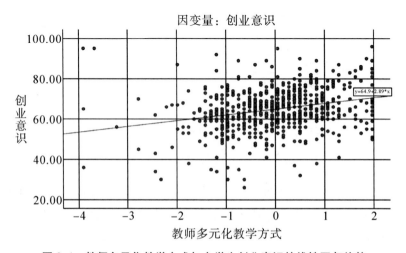

图8.4　教师多元化教学方式与大学生创业意识的线性回归趋势

四、教师教育教学方式对大学生创业动机的影响

（一）不同总体教学风格下大学生创业动机的差异

以大学生总体感知到的不同教师教学风格为自变量、大学生的创业动机各维度及总分为因变量进行单因素方差分析，结果如表8.7所示。

表 8.7　大学生创业动机在教师教学风格上的差异分析（$M\pm$SD）

维度	幽默风趣型① （$n=144$）	严谨逻辑型② （$n=367$）	创新探索型③ （$n=72$）	关爱分享型④ （$n=69$）	F	POST HOC
冒险敢为	18.50±3.08	17.55±3.13	17.78±2.94	17.59±3.50	3.27*	①>②④
自我实现	17.73±3.75	17.39±3.67	17.58±3.43	17.73±3.86	0.40	
追名求富	14.58±3.19	14.33±3.13	14.06±3.23	14.33±2.97	0.48	
社会支持	16.28+3.98	15.47±3.60	16.06±3.31	15.78±3.77	1.90	
创业动机	67.10±11.85	64.74±10.98	65.46±10.25	65.44±11.37	1.55	

　　方差分析结果显示，不同教师教学风格下大学生创业动机中的冒险敢为存在显著差异，具体表现为幽默风趣型教学风格下大学生的冒险敢为得分显著高于严谨逻辑型、关爱分享型教师教学风格下大学生的冒险敢为。而在创业动机的其他方面及总分上均不存在显著差异。不同教师教学风格下大学生创业动机的具体变化趋势如图 8.5 所示，其中，幽默风趣型教学风格下大学生的创业动机得分最高，严谨逻辑型教学风格下的大学生的创业动机得分最低。

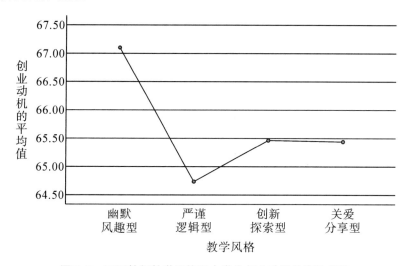

图 8.5　不同教师教学风格下大学生创业动机的变化趋势

（二）高校教师多元化教学方式与大学生创业动机的相关分析

　　以大学生评定的高校教师多元化教学方式使用情况、大学生创业动机的冒险敢为、自我实现、追名求富、社会支持、创业动机总分等多个变量进行皮尔逊积差相关分析，结果如表8.8所示。

表8.8　多元化教学方式与大学生创业动机的积差相关分析（$N=665$）

维度	多元化教学方式	冒险敢为	自我实现	追名求富	社会支持	创业动机
多元化教学方式	1					
冒险敢为	0.358**	1				
自我实现	0.226**	0.665**	1			
追名求富	0.208**	0.629**	0.778**	1		
社会支持	0.170**	0.465**	0.466**	0.374**	1	
创业动机	0.290**	0.831**	0.889**	0.838**	0.720**	1

积差相关分析结果表明，多元化教学方式与大学生创业动机的冒险敢为、自我实现、追名求富、社会支持各维度及总分均呈显著正相关关系，其中与冒险敢为的相关系数最大即相关程度最高，高校教师采用的多元化教学方式越多，大学生的创业动机各方面的表现就越高。

（三）高校教师多元化教学方式对大学生创业动机的回归预测

以高校教师多元化教学方式为自变量、大学生创业动机各维度及总分等为因变量进行一元线性回归分析，结果如表8.9所示。

表8.9　多元化教学方式对大学生创业动机的回归预测分析

因变量	自变量	R	R^2	F	B	Beta	t
冒险敢为		0.358	0.128	97.233***	0.127	0.013	9.861***
自我实现		0.226	0.051	35.770***	0.094	0.226	5.981***
追名求富	多元化教学方式	0.208	0.043	29.982***	0.074	0.208	5.476***
社会支持		0.170	0.029	19.711***	0.071	0.170	4.440***
创业动机		0.290	0.084	60.736***	0.366	0.290	7.793***

一元线性回归分析结果表明，高校教师多元化教学方式可以分别显著正向预测大学生创业动机各个维度及总分，其中对冒险敢为的变异解释率最大，为12.8%，说明多元化的教学方式对大学生冒险敢为方面创业动机的影响最大。高校教师采用的多元化教学方式越丰富，对提高大学生在冒

险敢为、自我实现、追名求富、社会支持等方面的创业动机就越有效。高校教师多元化教学方式与大学生创业动机的线性回归趋势如图 8.6 所示。

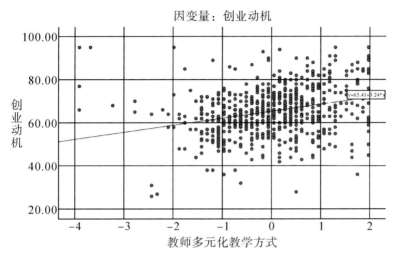

图 8.6　教师多元化教学方式与大学生创业动机的线性回归

五、小结与讨论

本书的研究结果表明，在不同的教师教学风格下，大学生的创新创业意识存在显著差异，具体表现为：在严谨逻辑型教学风格下，大学生的创新创业意识表现最差；在创新探索型和幽默风趣型教师教学风格下，大学生的创新创业意识相对较高。这说明高校教师的教学风格在对大学生的创新创业意识发展方面作用较大，过于严谨的教师教学风格将会阻碍大学生创新创业意识的提高，不利于大学生创新创造的发展。同时，相关分析和回归分析也得出，高校教师采用的教学方式越多元丰富，大学生在灵活与变通性、标新立异性、反思性等创新创业意识上的表现就越好，否则就越差。这说明要提高大学生的创新创造水平，还需要高校教师采用更加多元化的教学方式，尽量采用丰富多样的教育方法。就像我们的肌肉一样，如果我们要想多跑几千米就必须加强练习并经过有规律的锻炼，这样肌肉和身体状况才可能变得足够强壮，才可能跑更远的距离。我们的大脑也不例外，也需要进行有规律的锻炼来培养创新创造的思维方式和保持大脑良好的状态。培养创新创造是教育环境中创造力 4P 模型的发展（Runco，

2004），即如何促进产生创新创造的认知过程（process，过程），如何识别和支持创新创造个体（person，个体），学校/教室环境如何影响创新创造（press，推进），以及如何识别和评估学生的创新创造成果（product，产品）（Rhodes，1961）。最新的一项研究结果表明，为期一年的训练计划在培养应用型大学生的创造性思维技能方面是有效的，同时，通过在课程中花一些时间来培养学生的创新创造，也可以帮助学生为毕业后应对迅速变化的社会做好准备（Ritter et al.，2020）。

课堂即时环境对学生的发散性思维有着显著影响，一些常见的限制性课堂环境（测试活动等）会阻碍学生的创造性表现，但在非限制性课堂环境中（讨论课等），学生的创造力又得以表现（蒋慧鸯，2017）。有研究者探究了两种不同的教学方法对大学生创造性问题解决的影响，参与者在接受算法指导、启发式指导或不接受指导三种教学类型的实验条件处理后完成一项新的结构构建任务。结果发现，不同教学类型会影响学生对任务的认知、在任务中的行为以及问题的最终解决方案的设计。接受算法指导的参与者表现出了更大的信心和速度，但与接受启发式指导的学生相比，他们参与探究行为或产生偏离样本结构的最终产品的可能性明显更小（Ruscio et al.，1999）。

有关大学生对教学方式喜好的多文化背景下调查研究发现，内地学生和中国香港的学生一样，也更喜欢老师采用让自己产生更多创造性思维的教学方式（自由主义教学风格），更喜欢教师采用能促进学生之间的互动（外倾合作型教学方式）。也就是说，学生对能够帮助他们发展创新创造思维、提高他们的认知复杂性以及与他人合作的教学风格都表现出强烈的偏好。此外，学生在他们最不喜欢的教学方式上也有一个共同点，即老式的（保守的）和单调的（君主式）教学风格，这两种教学风格都要求学生在没有交流任务优先级的情况下做多个任务（寡头式教学风格），这不利于合作工作（内倾独立型风格）。动态的世界正给人类带来越来越多的挑战，作为未来世界的潜在领导者，大学生应该有强烈的需求，通过学习如何灵活地发挥创新创造来武装自己，以便迎接今后的挑战。其中一个重要的准备策略可能是大学生在他们的学习中使用创造性风格，然而如果没有鼓励创造性思维的教学支持（教师使用自由主义教学风格），大学生就不可能使用能产生创造性思维的学习风格。

为了在瞬息万变的世界里更好地茁壮成长与发展，更好地为社会主义现代化建设做出应有的贡献，新时代大学生将需要更多更好地创新创造发展，在这一背景下，我国高等教育认识到了培养大学生创新创造的必要性，从而不断推进和开展各类大学生创新创业训练计划项目，并着力打造国际级的"互联网+"创新创业大赛等。教育在培养创新创造方面发挥着核心作用，这不仅是针对精英的教育，而且是对所有的学习者，同时也是"大众创业、万众创新"的重要意义所在。更重要的是，创新创造的能力是可以通过教育来培养的，创造力并不是一种固定的、与生俱来的特质。但是在目前的课堂活动和课程中，还很少关注介绍和练习认知策略的课程，可是这些对培养学生创造性思维技能非常重要。在教育教学实践中，任何教师应该多采用启发式、小组讨论等多元教学方法，从个体的自信心培养、求异思维培养和互动合作教学环境的创设等多个方面来丰富教育教学方法，从而不断加强对大学生创新精神培养。

第九章　大学生创新创业意识发展的影响机制探讨

为避免共同方法偏差，首先，本书在调研程序上进行了相应控制，如匿名填写、部分条目反向表述等。其次，为了进一步提高研究的严谨性，本书采用探索性因子分析法对可能存在的共同方法偏差进行了检验（周浩等，2004）。在整合各问卷所有项目并在 SPSS 26.0 中进行探索性因子分析后得出，析出特征值大于 1 的因子有 50 个，且第一因子解释的变异量为 10.821%，远远小于 30% 的临界标准。以上结果均表明本书数据不存在严重的共同方法偏差，可以有效进行后续的中介效应分析。

为考察个体与环境因素对大学生创新创业意识影响的具体机制，即相关的中介效应模型的构建，本书参照并采用温忠麟等（2014）提出的偏差校正的非参数百分位 Bootstrap 法对中介效应进行检验，Bootstrap 法是以研究样本作为抽样总体，采用放回取样，从研究样本中反复抽取一定数量的样本，通过平均每次抽样得到的参数作为最后的估计结果的检验方法，该方法具有较高的统计检验力，是目前比较理想的中介检验法。在本书中，运用 SPSS 宏程序 Process 对研究变量进行中介效应检验，从原始数据中随机抽取 5 000 个 Bootstrap 样本，计算偏差校正 95% 的置信区间。

一、大学生创新精神与创业意识、创业动机的关系研究

（一）大学生创新精神与创业意识的关系分析

1. 大学生创新精神与创业意识的相关分析

将创业意识各维度与创新精神主客体方面各维度及总分进行皮尔逊积

差相关分析，结果见表9.1。

表9.1 大学生创业意识和创新精神的相关分析

维度	创业主动性	创业渴望	创业支持感	创业回避	创业承担	创业意识
灵活与变通性	0.165**	0.193**	0.159**	−0.164**	0.306**	0.273**
标新立异性	0.207**	0.202**	0.184**	−0.161**	0.307**	0.305**
批判性	−0.055	0.023	0.005	−0.126**	0.080*	0.036
反思性	0.213**	0.164**	0.145**	−0.145**	0.294**	0.266**
创新精神主体方面	0.186**	0.204**	0.173**	−0.205**	0.343**	0.307**
教师支持	0.077*	0.078*	0.197**	−0.124**	0.153**	0.178**
大学课程	0.269**	0.159**	0.304**	−0.142**	0.328**	0.347**
同伴影响	0.181**	0.209**	0.141**	−0.160**	0.271**	0.295**
创新精神客体方面	0.230**	0.196**	0.288**	−0.191**	0.332**	0.362**
创新精神	0.232**	0.228**	0.252**	−0.227**	0.385**	0.376**

相关分析结果表明，创业意识的创业主动性、创业渴望、创业支持感、创业承担及创业意识总分与创新精神主客体方面各维度及总分均呈现显著正相关关系，创业回避与创新精神主客体方面各维度及总分均呈现显著负相关。

2. 大学生创新精神对创业意识的回归预测分析

为了进一步探讨大学生创新精神与创业意识的关系，以创新精神各维度为自变量、创业意识各维度及总分为因变量依次进行逐步回归分析，分析结果见表9.2。

表9.2 大学生创新精神对创业意识的回归预测分析

因变量	自变量	R	R^2	F	B	Beta	t
创业主动性	大学课程	0.330	0.109	20.121***	0.263	0.195	4.786***
	反思性				0.177	0.131	2.997***
	批判性				−0.166	−0.131	−3.396***
	标新立异性				0.105	0.102	2.309**

表9.2(续)

因变量	自变量	R	R^2	F	B	Beta	t
创业渴望	同伴影响	0.242	0.059	20.588***	0.184	0.158	3.877***
	灵活与变通性				0.135	0.132	3.228***
创业支持感	大学课程	0.321	0.103	37.933***	0.343	0.268	6.881***
	教师支持				0.117	0.109	2.802***
创业回避	灵活与变通性	0.195	0.038	13.048***	−0.128	−0.121	−2.929**
	同伴影响				−0.136	−0.113	−2.736**
创业承担	大学课程	0.422	0.178	35.838***	0.173	0.204	5.223***
	灵活与变通性				0.111	0.150	3.668***
	反思性				0.106	0.125	3.083**
	同伴影响				0.089	0.106	2.658**
创业意识	大学课程	0.422	0.178	35.734***	0.895	0.148	6.041***
	同伴影响				0.513	0.155	3.302**
	标新立异性				0.293	0.132	2.219*
	灵活与变通性				0.308	0.141	2.190*

逐步分析结果得出，大学生创新精神中的大学课程、反思性、批判性、标新立异性能共同显著预测大学生创业主动性，其变异系数解释率为10.9%，其中大学课程、反思性、标新立异性为正向预测，批判性为负向预测。大学生创新精神中的同伴影响、灵活与变通性能共同显著正向预测创业渴望，其变异系数解释率为5.9%。大学生创新精神中的大学课程、教师支持能共同显著正向预测大学生的创业支持感，其变异系数解释率为10.3%。大学生创新精神中的灵活与变通性、同伴影响能共同显著负向预测大学生的创业回避，其变异系数解释率为3.8%。大学生创新精神中的大学课程、灵活与变通性、反思性、同伴影响能共同显著正向预测大学生的创业承担，其变异系数解释率为17.8%。大学生创新精神中的大学课程、同伴影响、标新立异性、灵活与变通性能共同显著正向预测大学生的创业意识总分，其变异系数解释率为17.8%。

（二）大学生创新精神与创业动机的关系分析

1. 大学生创新精神与创业动机的相关分析

将创业动机各维度及总分与创新精神主客体方面各维度及总分进行皮尔逊积差相关分析，结果见表9.3。

表9.3　大学生创新精神与创业动机的相关分析

维度	冒险敢为	自我实现	追名求富	社会支持	创业动机
灵活与变通性	0.316**	0.202**	0.196**	0.145**	0.258**
标新立异性	0.343**	0.252**	0.215**	0.176**	0.298**
批判性	0.107**	0.058	0.052	0.022	0.071
反思性	0.244**	0.187**	0.138**	0.163**	0.223**
主体创新精神	0.353**	0.245**	0.211**	0.176**	0.298**
教师支持	0.166**	0.180**	0.130**	0.019	0.149**
大学课程	0.322**	0.265**	0.203**	0.242**	0.315**
同伴影响	0.324**	0.267**	0.244**	0.109**	0.284**
客体创新精神	0.359**	0.317**	0.256**	0.159**	0.329**
创新精神	0.404**	0.313**	0.262**	0.192**	0.354**

结果表明：大学生的创新精神主客体方面各维度及总分，与冒险敢为、追名求富、社会支持、自我实现四个维度及创业动机总分均存在显著的正相关关系。

2. 大学生创新精神对创业动机的回归预测分析

为了进一步探讨大学生创新精神与创业动机的关系，以创新精神主客体方面各维度为自变量、创业动机各维度及总分为因变量依次进行逐步回归分析，分析结果见表9.4。

表 9.4　大学生创新精神对创业动机的预测分析

因变量	自变量	R	R^2	F	B	Beta	t
冒险敢为	标新立异性	0.441	0.194	39.835***	0.116	0.131	2.907**
	大学课程				0.210	0.182	4.715***
	同伴影响				0.177	0.154	3.783***
	灵活与变通性				0.131	0.130	3.085**
自我实现	同伴影响	0.340	0.116	28.808***	0.215	0.160	3.786***
	大学课程				0.232	0.172	4.273***
	标新立异性				0.114	0.110	2.539*
追名求富	同伴影响	0.290	0.084	20.184***	0.195	0.169	4.091***
	大学课程				0.139	0.120	2.977**
	灵活与变通性				0.094	0.093	2.260*
社会支持	大学课程	0.271	0.073	17.431***	0.309	0.228	5.436***
	标新立异性				0.117	0.112	2.732**
	教师支持				−0.099	−0.086	−2.149*
创业动机	大学课程	0.390	0.152	39.469***	0.872	0.212	5.390***
	同伴影响				0.596	0.146	3.535***
	标新立异性				0.463	0.147	3.468***

　　多元回归分析结果表明,大学生创新精神中的标新立异性、大学课程、同伴影响、灵活与变通性能共同显著正向预测大学生创业动机的冒险敢为维度,其变异系数解释率为 19.4%。大学生创新精神中的同伴影响、大学课程、标新立异性能共同显著正向预测大学生创业动机的自我实现维度,其变异系数解释率为 11.6%。大学生创新精神中的同伴影响、大学课程、灵活与变通性能共同显著正向预测大学生创业动机的追名求富维度,其变异系数解释率为 8.4%。大学生创新精神中的大学课程、标新立异性、教师支持能共同显著预测大学生创业动机的社会支持维度,其变异系数解释率为 7.3%,其中创新精神的大学课程、标新立异性为正向预测,教师支持为负向预测。大学生创新精神中的大学课程、同伴影响、标新立异性能共同显著正向预测大学生创业动机总分,其变异系数解释率为 15.2%。

（三）大学生创业动机与创新意识的关系分析

1. 大学生创业动机与创新意识的相关分析

将创业动机各维度及总分与创新意识各维度及总分进行皮尔逊积差相关分析，结果见表9.5。

表9.5　大学生创业动机与创新意识的相关分析

维度	冒险敢为	自我实现	追名求富	社会支持	创业动机
创业主动性	0.332**	0.414**	0.345**	0.515**	0.497**
创业渴望	0.434**	0.547**	0.550**	0.359**	0.576**
创业支持感	0.322**	0.417**	0.307**	0.403**	0.447**
创业回避	-0.220**	-0.258**	-0.250**	-0.013	-0.222**
创业承担	0.474**	0.477**	0.395**	0.363**	0.521**
创业意识	0.510**	0.609**	0.523**	0.498**	0.656**

相关分析结果表明：创业动机中的冒险敢为、追名求富、社会支持、自我实现四个维度及总分，均与创业意识的创业主动性、创业渴望、创业支持感、创业承担及创业意识总分存在显著正相关，而创业动机各维度及总分均与创业回避呈显著的负相关。

2. 大学生创业动机对创业意识的回归预测分析

为了进一步探讨大学生创业动机与创新意识的关系，以创业动机各维度为自变量、创业意识各维度及总分为因变量进行逐步回归分析，分析结果见表9.6。

表9.6　大学生创新动机对创业意识的回归预测分析

因变量	自变量	R	R^2	F	B	Beta	t
创业主动性	社会支持	0.551	0.304	144.408***	0.409	0.411	11.210***
	自我实现				0.222	0.223	6.071
创业渴望	追名求富	0.593	0.351	119.384	0.314	0.310	6.219***
	自我实现				0.213	0.246	4.714***
	社会支持				0.111	0.128	3.628***

表9.6(续)

因变量	自变量	R	R^2	F	B	Beta	t
创业支持感	自我实现	0.479	0.229	98.485	0.277	0.293	7.599***
	社会支持				0.251	0.266	6.894***
创业回避	自我实现	0.301	0.091	21.933	−0.221	−0.247	−4.830***
	社会支持				0.146	0.163	3.780***
	冒险敢为				−0.138	−0.131	−2.572*
创业承担	自我实现	0.533	0.284	87.494	0.158	0.253	5.568***
	冒险敢为				0.180	0.245	5.408***
	社会支持				0.082	0.131	3.424***
创业意识	自我实现	0.661	0.437	170.863	1.157	0.413	10.262***
	社会支持				0.699	0.250	7.364***
	冒险敢为				0.392	0.119	2.966**

多元回归分析结果得到：大学生创业动机的社会支持、自我实现能共同显著正向预测大学生创业意识的创业主动性，其变异系数解释率为30.4%；大学生创业动机的追名求富、自我实现、社会支持能共同显著正向预测大学生创业意识的创业渴望，其变异系数解释率为35.1%；大学生创业动机的自我实现、社会支持能共同显著正向预测大学生创业意识的创业支持感，其变异系数解释率为22.9%；大学生创业动机的自我实现、社会支持、冒险敢为能共同显著预测大学生创业意识的创业回避，其变异系数解释率为9.1%，其中自我实现和冒险敢为是负向预测，社会支持为正向预测；大学生创业动机的自我实现、冒险敢为、社会支持能共同显著正向预测大学生创业意识的创业承担，其变异系数解释率为28.4%；大学生创业动机的自我实现、社会支持、冒险敢为能共同显著正向预测大学生创业意识总分，其变异系数解释率为43.7%。

（四）大学生创业动机在创新精神与创业意识间的中介作用

以大学生的创新精神为自变量 X、创业意识为因变量 Y、创业动机为中介变量 M，运用 SPSS 宏程序 Process 中的模型4依次检验回归系数 c、a、b、ab 以及 c'，并且计算中介效应量的大小，结果见表9.7、图9.1。

表 9.7　创业动机在创新精神与创业意识间效应依次分析表

路径	总效应	直接效应	中介效应	t 值	95% LLCI	95% ULCI
创新精神 X→创业意识 $Y(c)$	0.286 7			10.444 9***	0.232 8	0.340 6
创新精神 X→创业动机 $M(a)$		0.292 2		9.739 4***	0.233 3	0.351 2
创业动机 M→创业意识 $Y(b)$		0.551 5		19.444 8***	0.495 8	0.607 2
创新精神 X→创业意识 $Y(c')$		0.125 5		5.357 0***	0.079 5	0.171 5
创新精神 X→创业动机 M→创业意识 $Y(ab)$			0.161 2		0.118 5	0.207 8
效应量(ab/c)	56.23%					

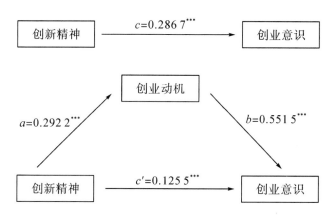

图 9.1　创业动机在创新精神与创业意识间的中介效应模型

通过温忠麟等人（2014）提出的新的中介效应检验流程，由表 9.7 可知：首先，检验得到创新精神对创业意识的总效应系数 c 是显著的，所以可按中介效应立论；其次，依次检验得到系数 a（创新精神作用于创业动机）与 b（创业动机作用于创业意识）均显著，说明间接效应显著；最后，检验得到创新精神对创业意识的直接效应 c' 仍然显著，而且 ab 与 c' 同号，说明创业动机在创新精神与创业意识间起部分中介效应，中介效应大小为 56.23%。根据方杰等人（2013）提出对系数乘积 ab 的检验，本书进一步利用 Bootstrap 法检验创业动机的中介效应，分析结果得到直接效应 c' 的 95% CI 为（0.079 5，0.171 5），间接效应 ab 的 95% CI 为（0.118 5，0.207 8），直接效应和间接效应的区间都不包括 0，说明两条路径的效应都是显著的。因此，使用 Bootstrap 法检验结果同样表明，创业动机在创新精神与创业意识间的中介效应是显著的。

二、核心自我评价对大学生创新创业意识影响的具体机制

为考察个体与环境因素对大学生创新创业意识影响的具体机制，即相关的中介效应模型的构建，本书参照并采用温忠麟等（2014）提出的偏差校正的非参数百分位 Bootstrap 法对中介效应进行检验，Bootstrap 法是以研究样本作为抽样总体，采用放回取样，从研究样本中反复抽取一定数量的样本，通过平均每次抽样得到的参数作为最后的估计结果的检验方法，该方法具有较高的统计检验力，是目前比较理想的中介检验法。在本书中，运用 SPSS 宏程序 Process 对研究变量中介效应检验，从原始数据中随机抽取 5 000 个 Bootstrap 样本，计算偏差校正 95% 的置信区间。

（一）核心自我评价对大学生创业意识的影响：创新精神的中介作用

以大学生的核心自我评价为自变量 X、创业意识为因变量 Y、创新精神为中介变量 M，运用 SPSS 宏程序 Process 中的模型 4 依次检验回归系数 c、a、b、ab 以及 c'，并且计算中介效应量的大小，结果见表9.8、图9.2。

表9.8　创新精神在核心自我评价与创业意识间效应依次分析表

路径	总效应	直接效应	中介效应	t 值	95% LLCI	95% ULCI
核心自我评价 $X \to$ 创业意识 $Y(c)$	0.403 2			6.786 0***	0.286 5	0.519 9
核心自我评价 $X \to$ 创新精神 $M(a)$		0.481 1		9.592 4***	0.382 6	0.579 5
创新精神 $M \to$ 创业意识 $Y(b)$		0.285 5		6.387 1***	0.197 7	0.373 2
核心自我评价 $X \to$ 创业意识 $Y(c')$		0.265 9		4.317 4***	0.145 0	0.386 8
核心自我评价 $X \to$ 创新精神 $M \to$ 创业意识 $Y(ab)$			0.137 3		0.085 6	0.194 5
效应量（ab/c）	34.05%					

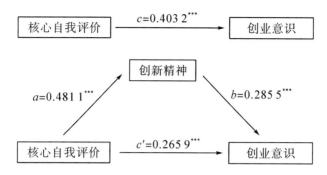

图 9.2 创新精神在核心自我评价与创业意识间的中介效应模型

通过温忠麟等人提出的新的中介效应检验流程，由表 9.8 可知：首先，检验得到核心自我评价对创业意识的总效应系数 c 是显著的，所以可按中介效应立论；其次，依次检验得到系数 a（核心自我评价作用于创新精神）与 b（创新精神作用于创业意识）均显著，说明间接效应显著；最后，检验得到核心自我评价对创业意识的直接效应 c' 仍然显著，而且 ab 与 c' 同号，则说明创新精神在核心自我评价与创业意识间起部分中介效应，中介效应大小为 34.05%。根据方杰等人提出对系数乘积 ab 的检验，本书进一步利用 Bootstrap 法检验创新精神的中介效应，分析结果得到直接效应 c' 的 95% CI 为（0.145 0，0.386 8），间接效应 ab 的 95% CI 为（0.085 6，0.194 5），直接效应和间接效应的区间都不包括 0，说明两条路径的效应都是显著的。因此使用 Bootstrap 法检验结果同样表明，创新精神在核心自我评价与创业意识间的中介效应是显著的。

（二）核心自我评价对大学生创业意识的影响：创业动机的中介作用

以大学生的核心自我评价为自变量 X、创业意识为因变量 Y、创业动机为中介变量 M，运用 SPSS 宏程序 Process 中的模型 4 依次检验回归系数 c、a、b、ab 以及 c'，并且计算中介效应量的大小，结果见表 9.9、图 9.3。

表9.9　创业动机在核心自我评价与创业意识间效应依次分析表

路径	总效应	直接效应	中介效应	t 值	95% LLCI	95% ULCI
核心自我评价 X→创业意识 $Y(c)$	0.403 2			6.786 0***	0.286 5	0.519 9
核心自我评价 X→创业动机 $M(a)$		0.394 1		6.084 2***	0.266 9	0.521 2
创业动机 M→创业意识 $Y(b)$		0.581 9		21.112 7***	0.527 8	0.636 0
核心自我评价 X→创业意识 $Y(c')$		0.173 9		3.681 5**	0.081 1	0.266 6
核心自我评价 X→创业动机 M→创业意识 $Y(ab)$			0.229 3		0.144 4	0.314 5
效应量（ab/c）				56.87%		

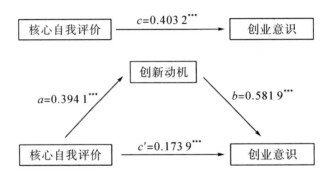

图9.3　创业动机在核心自我评价与创业意识间的中介效应模型

　　通过温忠麟等人提出的新的中介效应检验流程，再结合表9.9可知：首先，检验得到核心自我评价对创业意识的总效应系数 c 是显著的，所以可按中效应立论；其次，依次检验得到系数 a（核心自我评价作用于创业动机）与 b（创业动机作用于创业意识）均显著，说明间接效应显著；最后，检验得到核心自我评价对创业意识的直接效应 c' 仍然显著，而且 ab 与 c' 同号，则说明创业动机在核心自我评价与创业意识间起部分中介效应，中介效应大小为56.87%。根据方杰等人提出对系数乘积 ab 的检验，本书进一步利用 Bootstrap 法检验创业动机的中介效应，分析结果得到直接效应 c' 的95% CI 为（0.081 1，0.266 6），间接效应 ab 的95% CI 为（0.144 4，0.314 5），直接效应和间接效应的区间都不包括0，说明两条路径的效应都是显著的。因此，使用 Bootstrap 法检验结果同样表明，创业动机在核心自我评价与创业意识间的中介效应是显著的。

（三）核心自我评价对大学生创业动机的影响：创新精神的中介作用

以大学生的核心自我评价为自变量 X、创业动机为因变量 Y、创新精神为中介变量 M，运用 SPSS 宏程序 Process 中的模型 4 依次检验回归系数 c、a、b、ab 以及 c'，并且计算中介效应量的大小，结果见表 9.10、图 9.4。

表 9.10　创新精神在核心自我评价与创业动机间效应依次分析表

路径	总效应	直接效应	中介效应	t 值	95% LLCI	95% ULCI
核心自我评价 X→创业动机 $Y(c)$	0.286 7			10.444 9***	0.232 8	0.340 6
核心自我评价 X→创新精神 $M(a)$		0.481 1		9.592 4***	0.382 6	0.579 5
创新精神 M→创业动机 $Y(b)$		0.307 7		6.311 1***	0.212 0	0.403 4
核心自我评价 X→创业动机 $Y(c')$		0.246 1		3.662 8***	0.114 2	0.378 0
核心自我评价 X→创新精神 M→创业动机 $Y(ab)$			0.148 0		0.093 9	0.211 2
效应量（ab/c）				51.62%		

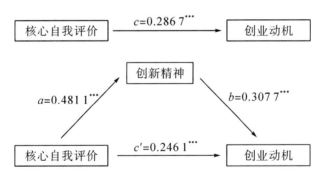

图 9.4　创新精神在核心自我评价与创业动机间的中介效应模型

通过温忠麟等人提出的新的中介效应检验流程，结合表 9.10 可知：首先，检验得到核心自我评价对创业动机的总效应系数 c 是显著的，所以可按中介效应立论；其次，依次检验得到系数 a（核心自我评价作用于创新精神）与 b（创新精神作用于创业动机）均显著，说明间接效应显著；最后，检验得到核心自我评价对创业动机的直接效应 c' 仍然显著，而且 ab 与 c' 同号，则说明创新精神在核心自我评价与创业动机间起部分中介效应，中介效应大小为51.62%。根据方杰等人提出对系数乘积 ab 的检验，本书进一步利用 Bootstrap 法检验创新精神的中介效应，分析结果得到直接效应 c' 的 95% CI 为（0.114 2, 0.378 0），间接效应 ab 的 95% CI 为（0.093 9, 0.211 2），直接效应和间接效应的区间都不包括 0，说明两条路径的效应都是显著的。因此，使用 Bootstrap 法检验结果同样表明，创新精神在核心自我评价与创业动机间的中介效应是显著的。

（四）核心自我评价对大学生创业意识的影响：创新精神和创业动机链式中介效应

前面的分析结果，符合进一步对创新精神和创业动机在核心自我评价与大学生创业意识之间起链式中介作用进行检验的统计学要求。接下来使用 Hayes（2013）编制的 SPSS 宏程序，执行基于 Bootstrap 分析的中介效应检验，并选用专门进行链式中介模型检验的模型 6 进行分析。链式中介效应的检验结果见表 9.11 和图 9.5。

表 9.11　创新精神和创业动机在核心自我评价和大学生创业意识间的
链式中介模型分析

回归方程		整体拟合指数			回归系数显著性	
结果变量	预测变量	R	R^2	F	Beta（β）	t
创业意识		0.254 8	0.064 9	46.050 4 ***		
	核心自我评价				0.403 2	6.786 0 ***
创新精神		0.349 1	0.121 9	92.015 0 ***		
	核心自我评价				0.481 1	9.592 4 ***
创业动机		0.326 5	0.106 6	39.508 0 ***		
	核心自我评价				0.246 1	3.662 8 ***
	创新精神				0.307 7	6.311 1 ***
创业意识	核心自我评价	0.670 2	0.449 2	179.691 0 ***	0.127 8	2.596 4 **
	创新精神				0.112 8	3.097 8 ***
	创业动机				0.561 1	19.899 6 ***

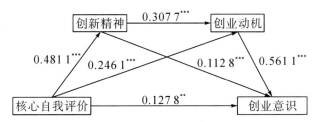

图9.5 大学生创新精神和创业动机在核心自我评价和创业意识间的链式中介效应

表9.11表明：首先，总效应显著，即核心自我评价能单独显著正向预测大学生的创业意识（β = 0.403 2，$p < 0.001$）。其次，将创新精神和创业动机纳入回归方程进行链式中介作用分析后，发现核心自我评价能显著正向预测创新精神（β = 0.481 1，$p < 0.001$）和创业动机（β = 0.246 1，$p<0.001$），创新精神可以显著正向预测大学生的创业动机（β = 0.307 7，$p < 0.001$）和创业意识（β = 0.112 8，$p<0.001$）。最后，创业动机能显著正向预测创业意识（β = 0.561 1，$p < 0.001$），而在链式中介效应模型中直接效应仍然显著，即此时的中介效应模型中，核心自我评价能显著预测创业意识（β = 0.127 8，$p < 0.01$），说明链式中介效应的存在。也就是说，核心自我评价对大学生创业意识的影响，是先通过影响其创新精神和创业动机后，再来间接影响创业意识的。

中介效应的 Bootstrap 路径分析结果见表9.12。表9.12表明：大学生创新精神和创业动机在核心自我评价与创业意识间起着非常显著的中介作用，总的中介效应值的大小为0.275 4，占总效应大小的68.30%，中介效应具体由三条路径产生的间接效应组成。路径1：核心自我评价→创新精神→创业意识，效应值大小为0.054 3，间接效应占总效应的比值大小为13.47%。路径2：核心自我评价→创业动机→创业意识，效应值大小为0.138 1，间接效应占总效应的比值大小为34.25%。路径3：核心自我评价→创新精神→创业动机→创业意识，效应值大小为0.083 1，间接效应占总效应的比值大小为23.09%。并且，以上路径间接效应的95%置信区间均不包含0，表明三条间接效应路径均达到显著水平。

表9.12 标准化效应值和95%置信区间

路径	效应值	效应占比/%	95%下限	95%上限
核心自我评价→创业意识（总效应）	0.403 2		0.286 5	0.519 9
核心自我评价→创业意识（直接效应）	0.127 8	32.92	0.031 2	0.224 5

表9.12(续)

路径	效应值	效应占比/%	95%下限	95%上限
核心自我评价→创业意识（总的间接效应）	0.275 4	68.30	0.181 4	0.371 4
路径1：核心自我评价→创新精神→创业意识	0.054 3	13.47	0.013 8	0.100 2
路径2：核心自我评价→创业动机→创业意识	0.138 1	34.25	0.062 2	0.218 1
路径3：核心自我评价→创新精神→创业动机→创业意识	0.083 1	23.09	0.050 1	0.120 0

三、大五人格对大学生创新创业意识影响的具体机制

（一）大五人格对大学生创业意识的影响：创新精神的中介作用

1. 神经质人格对大学生创业意识的影响：创新精神的中介作用

以大学生大五人格中的神经质为自变量 X、创业意识为因变量 Y、创新精神为中介变量 M，运用 SPSS 宏程序 Process 中的模型 4 检验中介效应的显著性，并且计算中介效应量的大小，结果见表 9.13。

表 9.13　创新精神在神经质人格与创业意识之间的中介效应分析

路径	效应值	标准误	效果量/%	95%置信区间	
				下限	上限
直接效应：神经质 X→创业意识 Y	−0.099 3	0.058 9	53.16	−0.215 0	0.016 3
间接效应：神经质 X→创新精神 M→创业意识 Y	−0.087 5	0.022 0	46.84	−0.133 8	−0.047 6
总效应	−0.186 8	0.060 4		−0.305 5	−0.068 2

中介效应的检验结果显示，"神经质→创业意识"的直接效应不显著（ $B=-0.099\ 3$ ，SE $=0.058\ 9$ ， $p=0.092$ ，95% CI $=$ ［ $-0.215\ 0$ ， $0.016\ 3$ ］），"神经质→创新精神→创业意识"的间接效应显著（ $B=-0.087\ 5$ ，SE $=0.022$ ， $p<0.001$ ，95% CI $=$ ［ $-0.133\ 8$ ， $-0.047\ 6$ ］）。因此，创新精神在神经质和创业意识之间起到完全中介作用。

2. 严谨性人格对大学生创业意识的影响：创新精神的中介作用

以大学生大五人格中的严谨性为自变量 X、创业意识为因变量 Y、创

新精神为中介变量 M，运用 SPSS 宏程序 Process 中的模型 4 检验中介效应的显著性，并且计算中介效应量的大小，结果见表 9.14。

表 9.14　创新精神在严谨性人格与大学生创业意识之间的中介效应分析

路径	效应值	标准误	效果量 /%	95%置信区间	
				下限	上限
直接效应： 严谨性 X→创业意识 Y	0.493 8	0.081 6	73.43	0.333 6	0.654 0
间接效应： 严谨性 X→创新精神 M→创业意识 Y	0.178 7	0.046 8	26.58	0.089 7	0.273 5
总效应	0.672 4	0.072 0		0.531 1	0.813 8

中介效应的检验结果显示，"严谨性→创业意识"的直接效应显著（B=0.493 8，SE=0.081 6，$p<0.001$，95% CI＝［0.333 6，0.654］），"严谨性→创新精神→创业意识"的间接效应同样显著（B=0.178 7，SE＝0.046 8，$p<0.001$，95% CI＝［0.089 7，0.273 5］）。因此，创新精神在严谨性和创业意识之间起到部分中介作用，中介效应在总效应中的效果量为 26.58%。

3. 宜人性人格对大学生创业意识的影响：创新精神的中介作用

以大学生大五人格中的宜人性为自变量 X、创业意识为因变量 Y、创新精神为中介变量 M，运用 SPSS 宏程序 Process 中的模型 4 检验中介效应的显著性，并且计算中介效应量的大小，结果见表 9.15。

表 9.15　创新精神在宜人性人格与大学生创业意识之间的中介效应分析

路径	效应值	标准误	效果量 /%	95%置信区间	
				下限	上限
直接效应： 宜人性 X→创业意识 Y	0.039 3	0.085 5	14.24	-0.128 7	0.207 2
间接效应： 宜人性 X→创新精神 M→创业意识 Y	0.236 8	0.047 3	85.80	0.148 3	0.333 1
总效应	0.276 0	0.087 9		0.103 4	0.448 7

中介效应的检验结果显示，"宜人性→创业意识"的直接效应不再显著（B=0.039 3，SE=0.085 5，p=0.646 4，95% CI＝［-0.128 7，0.207 2］），"宜人性→创新精神→创业意识"的间接效应显著（B=0.236 8，SE＝0.047 3，$p<0.001$，95% CI＝［0.148 3，0.333 1］）。因此，创新精神在宜

人性和创业意识之间起到完全中介作用。

4. 开放性人格对大学生创业意识的影响：创新精神的中介作用

以大学生大五人格中的开放性为自变量 X、创业意识为因变量 Y、创新精神为中介变量 M，运用 SPSS 宏程序 Process 中的模型 4 检验中介效应的显著性，并且计算中介效应量的大小，结果见表 9.16。

表 9.16　创新精神在开放性人格与大学生创业意识之间的中介效应分析

路径	效应值	标准误	效果量 /%	95%置信区间	
				下限	上限
直接效应：开放性 X→创业意识 Y	0.472 8	0.074 9	67.49	0.565 2	0.836 1
间接效应：开放性 X→创新精神 M→创业意识 Y	0.227 8	0.045 7	32.51	0.140 4	0.319 6
总效应	0.700 6	0.069 0		0.565 2	0.836 1

中介效应的检验结果显示，"开放性→创业意识"的直接效应显著（$B = 0.472\,8$，$SE = 0.074\,9$，$p < 0.001$，95% CI = $[0.565\,2, 0.836\,1]$），"开放性→创新精神→创业意识"的间接效应同样显著（$B = 0.227\,8$，$SE = 0.045\,7$，$p < 0.001$，95% CI = $[0.140\,4, 0.319\,6]$）。因此，创新精神在开放性和创业意识之间起到部分中介作用，中介效应在总效应中的效果量为 32.51%。

5. 外向性人格对大学生创业意识的影响：创新精神的中介作用

以大学生大五人格中的外向性为自变量 X、创业意识为因变量 Y、创新精神为中介变量 M，运用 SPSS 宏程序 Process 中的模型 4 检验中介效应的显著性，并且计算中介效应量的大小，结果见表 9.17。

表 9.17　创新精神在外向性人格与开放性创业意识之间的中介效应分析

路径	效应值	标准误	效果量 /%	95%置信区间	
				下限	上限
直接效应：外向性 X→创业意识 Y	0.498 5	0.074 3	79.37	0.482 2	0.773 9
间接效应：外向性 X→创新精神 M→创业意识 Y	0.129 6	0.031 6	20.63	0.071 0	0.196 3
总效应	0.628 1	0.074 3		0.482 2	0.773 9

中介效应的检验结果显示，"外向性→创业意识"的直接效应显著（$B = 0.498\ 5$，$SE = 0.074\ 3$，$p<0.001$，95% CI $= [0.482\ 2, 0.773\ 9]$），"外向性→创新精神→创业意识"的间接效应同样显著（$B = 0.129\ 6$，$SE = 0.031\ 6$，$p<0.001$，95% CI $= [0.071\ 0, 0.196\ 3]$）。因此，创新精神在外向性和创业意识之间起到部分中介作用，中介效应在总效应中的效果量为 20.63%。

（二）大五人格对大学生创业意识的影响：创业动机的中介作用

1. 神经质人格对大学生创业意识的影响：创业动机的中介作用

以大学生大五人格中的神经质为自变量 X、创业意识为因变量 Y、创业动机为中介变量 M，运用 SPSS 宏程序 Process 中的模型 4 检验中介效应的显著性，并且计算中介效应量的大小，结果见表 9.18。

表 9.18　创业动机在神经质人格与大学生创业意识之间的中介效应分析

路径	效应值	标准误	效果量 /%	95%置信区间	
				下限	上限
直接效应： 神经质 X→创业意识 Y	-0.143 1	0.045 7	76.61	-0.305 5	-0.068 2
间接效应： 神经质 X→创业动机 M→创业意识 Y	-0.043 7	0.044 5	23.39	-0.131 4	-0.044 9
总效应	-0.186 8	0.060 4		-0.305 5	-0.068 2

中介效应的检验结果显示，"神经质→创业意识"的直接效应显著（$B = -0.143\ 1$，$SE = 0.045\ 7$，$p<0.01$，95% CI $= [-0.305\ 5, -0.068\ 2)$，"神经质→创业动机→创业意识"的间接效应同样显著（$B = -0.043\ 7$，$SE = 0.044\ 5$，$p<0.001$，95% CI $= [-0.131\ 4, -0.044\ 9]$）。因此，创业动机在神经质和创业意识之间起到部分中介作用，中介效应在总效应中的效果量为 23.39%。

2. 严谨性人格对大学生创业意识的影响：创业动机的中介作用

以大学生大五人格中的严谨性为自变量 X、创业意识为因变量 Y、创业动机为中介变量 M，运用 SPSS 宏程序 Process 中的模型 4 检验中介效应的显著性，并且计算中介效应量的大小，结果见表 9.19。

表 9.19 创业动机在严谨性人格与大学生创业意识之间的中介效应分析

路径	效应值	标准误	效果量 /%	95%置信区间	
				下限	上限
直接效应： 严谨性 X→创业意识 Y	0.232 1	0.061 5	34.52	0.111 4	0.352 8
间接效应： 严谨性 X→创业动机 M→创业意识 Y	0.440 3	0.056 6	65.48	0.332 6	0.554 7
总效应	0.672 4	0.072 0		0.531 1	0.813 8

中介效应的检验结果显示，"严谨性→创业意识"的直接效应显著（$B = 0.232\ 1$，$SE = 0.061\ 5$，$p < 0.001$，95% CI = ［0.111 4，0.352 8］），"严谨性→创业动机→创业意识"的间接效应同样显著（$B = 0.440\ 3$，$SE = 0.056\ 6$，$p < 0.001$，95% CI = ［0.332 6，0.554 7］）。因此，创业动机在严谨性和创业意识之间起到部分中介作用，中介效应在总效应中的效果量为 65.48%。

3. 宜人性人格对大学生创业意识的影响：创业动机的中介作用

以大学生大五人格中的宜人性为自变量 X、创业意识为因变量 Y、创业动机为中介变量 M，运用 SPSS 宏程序 Process 中的模型 4 检验中介效应的显著性，并且计算中介效应量的大小，结果见表 9.20。

表 9.20 创业动机在宜人性人格与大学生创业意识之间的中介效应分析

路径	效应值	标准误	效果量 /%	95%置信区间	
				下限	上限
直接效应： 宜人性 X→创业意识 Y	0.096 8	0.067 3	35.07	−0.035 4	0.229 0
间接效应： 宜人性 X→创业动机 M→创业意识 Y	0.179 3	0.062 5	64.96	0.057 6	0.303 8
总效应	0.276 0	0.087 9		0.103 4	0.448 7

中介效应的检验结果显示，"宜人性→创业意识"的直接效应不再显著（$B = 0.096\ 8$，$SE = 0.067\ 3$，$p = 0.151\ 1$，95% CI = ［−0.035 4，0.229 0］），"宜人性→创业动机→创业意识"的间接效应同样显著（$B = 0.179\ 3$，$SE = 0.062\ 5$，$p < 0.001$，95% CI = ［0.057 6，0.303 8］）。因此，创业动机在宜人性和大学生的创业意识之间起到完全中介作用。

4. 开放性人格对大学生创业意识的影响：创业动机的中介作用

以大学生大五人格中的开放性为自变量 X、创业意识为因变量 Y、创业动机为中介变量 M，运用 SPSS 宏程序 Process 中的模型 4 检验中介效应的显著性，并且计算中介效应量的大小，结果见表 9.21。

表 9.21　创业动机在开放性人格与大学生创业意识之间的中介效应分析

路径	效应值	标准误	效果量 /%	95%置信区间	
				下限	上限
直接效应： 开放性 X→创业意识 Y	0.127 1	0.063 8	18.14	0.001 9	0.252 3
间接效应： 开放性 X→创业动机 M→创业意识 Y	0.573 5	0.061 8	81.86	0.455 2	0.696 5
总效应	0.700 6	0.069 0		0.565 2	0.836 1

中介效应的检验结果显示，"开放性→创业意识"的直接效应显著（$B = 0.127 1$，$SE = 0.063 8$，$p < 0.05$，95% CI = $[0.001 9, 0.252 3]$），"开放性→创业动机→创业意识"的间接效应同样显著（$B = 0.573 5$，$SE = 0.061 8$，$p < 0.001$，95% CI = $[0.455 2, 0.696 5]$）。因此，创业动机在开放性和大学生创业意识之间起到部分中介作用，中介效应在总效应中的效果量为 81.86%。

5. 外向性人格对大学生创业意识的影响：创业动机的中介作用

以大学生大五人格中的外向性为自变量 X、创业意识为因变量 Y、创业动机为中介变量 M，运用 SPSS 宏程序 Process 中的模型 4 检验中介效应的显著性，并且计算中介效应量的大小，结果见表 9.22。

表 9.22　创业动机在外向性人格与大学生创业意识之间的中介效应分析

路径	效应值	标准误	效果量 /%	95%置信区间	
				下限	上限
直接效应： 外向性 X→创业意识 Y	0.216 5	0.062 0	34.47	0.094 7	0.338 3
间接效应： 外向性 X→创业动机 M→创业意识 Y	0.411 6	0.057 2	65.53	0.304 2	0.526 6
总效应	0.628 1	0.074 3		0.482 2	0.773 9

中介效应的检验结果显示，"外向性→创业意识"的直接效应显著（$B=0.216\,5$，$SE=0.062$，$p<0.001$，$95\%\ CI=[0.094\,7,\ 0.338\,3]$），"外向性→创业动机→创业意识"的间接效应同样显著（$B=0.411\,6$，$SE=0.057\,2$，$p<0.001$，$95\%\ CI=[0.304\,2,\ 0.526\,6]$）。因此，创业动机在外向性和创业意识之间起到部分中介作用，中介效应在总效应中的效果量为 65.53%。

（三）大五人格对大学生创业动机的影响：创新精神的中介作用

1. 严谨性人格对大学生创业动机的影响：创新精神的中介作用

以大学生大五人格中的严谨性为自变量 X、创业动机为因变量 Y、创新精神为中介变量 M，运用 SPSS 宏程序 Process 中的模型 4 检验中介效应的显著性，并且计算中介效应量的大小，结果见表 9.23。

表 9.23　创新精神在严谨性人格与大学生创业动机之间的中介效应分析

路径	效应值	标准误	效果量/%	95%置信区间	
				下限	上限
直接效应： 严谨性 X→创业动机 Y	0.614 6	0.087 9	78.96	0.442 0	0.787 1
间接效应： 严谨性 X→创新精神 M→创业动机 Y	0.163 9	0.048 7	21.06	0.072 4	0.262 5
总效应	0.778 4	0.077 2		0.626 8	0.930 1

中介效应的检验结果显示，"严谨性→创业动机"的直接效应显著（$B=0.614\,6$，$SE=0.087\,9$，$p<0.001$，$95\%\ CI=[0.442,\ 0.787\,1]$），"严谨性→创新精神→创业动机"的间接效应同样显著（$B=0.163\,9$，$SE=0.048\,7$，$p<0.001$，$95\%\ CI=[0.072\,4,\ 0.262\,5]$）。因此，创新精神在严谨性和大学生创业动机之间起到部分中介作用，中介效应在总效应中的效果量为 21.06%。

2. 宜人性人格对大学生创业动机的影响：创新精神的中介作用

以大学生大五人格中的宜人性为自变量 X、创业动机为因变量 Y、创新精神为中介变量 M，运用 SPSS 宏程序 Process 中的模型 4 检验中介效应的显著性，并且计算中介效应量的大小，结果见表 9.24。

表9.24　创新精神在宜人性人格与大学生创业动机之间的中介效应分析

路径	效应值	标准误	效果量/%	95%置信区间	
				下限	上限
直接效应：宜人性 X→创业动机 Y	0.131 3	0.094 2	43.99	-0.053 8	0.316 3
间接效应：宜人性 X→创新精神 M→创业动机 Y	0.167 3	0.039 4	56.05	0.099 5	0.251 1
总效应	0.298 5	0.095 2		0.111 5	0.485 5

中介效应的检验结果显示，"宜人性→创业动机"的直接效应不再显著（$B=0.131\ 3$，$SE=0.094\ 2$，$p=0.164\ 1$，$95\%\ CI=[-0.053\ 8,\ 0.316\ 3]$），"宜人性→创新精神→创业动机"的间接效应同样显著（$B=0.167\ 3$，$SE=0.039\ 4$，$p<0.001$，$95\%\ CI=[0.099\ 5,\ 0.251\ 1]$）。因此，创新精神在宜人性和创业动机之间起到完全中介作用。

3. 开放性人格对大学生创业动机的影响：创新精神的中介作用

以大学生大五人格中的开放性为自变量 X、创业动机为因变量 Y、创新精神为中介变量 M，运用 SPSS 宏程序 Process 中的模型 4 检验中介效应的显著性，并且计算中介效应量的大小，结果见表9.25。

表9.25　创新精神在开放性人格与大学生创业动机之间的中介效应分析

路径	效应值	标准误	效果量/%	95%置信区间	
				下限	上限
直接效应：开放性 X→创业动机 Y	0.903 2	0.078 7	90.66	0.748 7	1.057 7
间接效应：开放性 X→创新精神 M→创业动机 Y	0.093 1	0.041 0	9.34	0.016 1	0.176 4
总效应	0.996 2	0.070 4		0.858 0	1.134 4

中介效应的检验结果显示，"开放性→创业动机"的直接效应显著（$B=0.903\ 2$，$SE=0.078\ 7$，$p<0.001$，$95\%\ CI=[0.748\ 7,\ 1.057\ 7]$），"开放性→创新精神→创业动机"的间接效应同样显著（$B=0.093\ 1$，$SE=0.041\ 0$，$p<0.01$，$95\%\ CI=[0.016\ 1,\ 0.176\ 4]$）。因此，创新精神在开放性和创业动机之间起到部分中介作用，中介效应在总效应中的效果量为9.34%。

4. 外向性人格对大学生创业动机的影响：创新精神的中介作用

以大学生大五人格中的外向性为自变量 X、创业动机为因变量 Y、创新精神为中介变量 M，运用 SPSS 宏程序 Process 中的模型 4 检验中介效应的显著性，并且计算中介效应量的大小，结果见表 9.26。

表 9.26 创新精神在外向性人格与大学生创业动机之间的中介效应分析

路径	效应值	标准误	效果量 /%	95%置信区间	
				下限	上限
直接效应： 外向性 X→创业动机 Y	0.619 8	0.078 7	86.22	0.465 2	0.774 4
间接效应： 外向性 X→创新精神 M→创业动机 Y	0.099 1	0.027 3	13.78	0.049 5	0.155 2
总效应	0.718 9	0.079 9		0.561 9	0.875 9

中介效应的检验结果显示，"外向性→创业动机"的直接效应显著（$B = 0.619\ 8$，$SE = 0.078\ 7$，$p < 0.001$，95% CI $= [0.465\ 2, 0.774\ 4]$），"外向性→创新精神→创业动机"的间接效应同样显著（$B = 0.099\ 1$，$SE = 0.027\ 3$，$p < 0.001$，95% CI $= [0.049\ 5, 0.155\ 2]$）。因此，创新精神在外向性和大学生创业动机之间起到部分中介作用，中介效应在总效应中的效果量为 13.78%。

（四）大五人格对大学生创业意识的影响：创新精神和创业动机链式中介效应

1. 严谨性人格对大学生创业意识的影响：创新精神和创业动机链式中介效应

前面的分析结果符合进一步对创新精神和创业动机在严谨性人格与大学生创业意识之间起链式中介作用进行检验的统计学要求。接下来使用 Hayes（2013）编制的 SPSS 宏程序，执行基于 Bootstrap 分析的中介效应检验，并选用专门进行链式中介模型检验的模型 6 来分析。链式中介效应的检验结果见表 9.27 和图 9.6。

表 9.27　创新精神和创业动机在严谨性和大学生创业意识间的链式中介模型分析

回归方程		整体拟合指数			回归系数显著性	
结果变量	预测变量	R	R^2	F	Beta (β)	t
创业意识		0.341 1	0.116 3	87.272 8***		
	严谨性				0.672 4	9.342 0***
创新精神		0.493 0	0.243 1	212.885 8***		
	严谨性				0.846 6	14.590 6***
创业动机						
	严谨性	0.388 9	0.151 2	58.972 3***	0.614 6	6.992 7***
	创新精神				0.193 6	3.782 0***
创业意识	严谨性				0.153 1	2.255 7*
	创新精神	0.669 2	0.447 8	178.700 7***	0.103 8	2.691 5**
	创业动机				0.554 3	19.137 3***

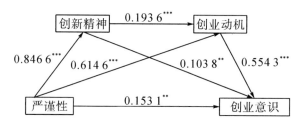

图 9.6　大学生创新精神和创业动机在严谨性和创业意识间的链式中介效应图

表 9.27 表明：首先，总效应显著，即严谨性人格能单独显著正向预测大学生的创业意识（$\beta = 0.672\ 4$，$p < 0.001$）。其次，将创新精神和创业动机纳入回归方程进行链式中介作用分析后，严谨性能显著正向预测创新精神（$\beta = 0.846\ 6$，$p < 0.001$）和创业动机（$\beta = 0.614\ 6$，$p<0.001$），创新精神可以显著正向预测大学生的创业动机（$\beta = 0.193\ 6$，$p < 0.01$）和创业意识（$\beta = 0.103\ 8$，$p<0.001$）。最后，创业动机能显著正向预测创业意识（$\beta = 0.554\ 3$，$p < 0.001$），而在链式中介效应模型中直接效应仍然显著，即此时的中介效应模型中，严谨性仍然能显著预测大学生的创业意识（$\beta = 0.153\ 1$，$p < 0.05$），说明部分中介作用的存在，即严谨性人格对大学生创业意识的影响，是先通过影响其创新精神和创业动机后，再来间接影响创业意识的。中介效应的 Bootstrap 路径分析结果见表 9.28。

表 9.28　标准化效应值和 95% 置信区间

路径	效应值	效应占比/%	95%下限	95%上限
严谨性→创业意识（总效应）	0.672 4		0.531 1	0.813 8
严谨性→创业意识（直接效应）	0.153 1	22.78	0.019 8	0.286 4
严谨性→创业意识（总的间接效应）	0.519 3	77.23	0.391 9	0.652 9
路径1：严谨性→创新精神→创业意识	0.087 8	13.06	0.008 7	0.170 1
路径2：严谨性→创业动机→创业意识	0.340 7	50.67	0.228 6	0.453 7
路径3：严谨性→创新精神→创业动机→创业意识	0.090 8	13.50	0.039 2	0.148 9

表 9.28 表明，大学生创新精神和创业动机在严谨性与创业意识间起着非常显著的中介作用，总的中介效应值的大小为 0.519 3，占总效应大小的 77.23%，中介效应具体由三条路径产生的间接效应组成。路径1：严谨性→创新精神→创业意识，效应值大小为 0.087 8，间接效应占总效应的比值大小为 13.06%。路径2：严谨性→创业动机→创业意识，效应值大小为 0.340 7，间接效应占总效应的比值大小为 50.67%。路径3：严谨性→创新精神→创业动机→创业意识，效应值大小为 0.090 8，间接效应占总效应的比值大小为 13.50%。并且，以上路径间接效应的 95% 置信区间均不包含 0，表明三条间接效应路径均达到显著水平。

2. 宜人性对大学生创业意识的影响：创新精神和创业动机链式中介效应

前面的分析结果符合进一步对创新精神和创业动机在宜人性人格与大学生创业意识之间起链式中介作用进行检验的统计学要求。接下来使用 Hayes（2013）编制的 SPSS 宏程序，执行基于 Bootstrap 分析的中介效应检验，并选用专门进行链式中介模型检验的模型 6 进行分析。链式中介效应的检验结果见表 9.29 和图 9.7。

表 9.29　创新精神和创业动机在宜人性和大学生创业意识间的链式中介模型分析

回归方程		整体拟合指数			回归系数显著性	
结果变量	预测变量	R	R^2	F	Beta (β)	t
创业意识		0.121 0	0.014 7	9.858 3***		
	宜人性				0.276 0	3.139 8***
创新精神		0.237 7	0.056 5	39.702 5***		
	宜人性				0.472 1	6.301 0***
创业动机	宜人性	0.302 0	0.091 2	33.212 8***	0.131 3	1.393 0
	创新精神				0.354 3	7.469 0***
创业意识	宜人性	0.666 2	0.443 9	175.870 5***	0.041 1	0.603 3
	创新精神				0.136 8	3.831 6***
	创业动机				0.570 5	20.309 5***

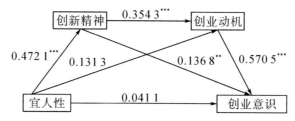

图 9.7　大学生创新精神和创业动机在宜人性和创业意识间的链式中介效应

表 9.29 表明：首先，总效应显著，即宜人性人格能单独显著正向预测大学生的创业意识（$\beta = 0.276\ 0$，$p < 0.001$）。其次，将创新精神和创业动机纳入回归方程进行链式中介作用分析后，宜人性能显著正向预测创新精神（$\beta = 0.472\ 1$，$p < 0.001$），但不能显著预测创业动机（$\beta = 0.131\ 3$，$p > 0.05$），创新精神可以显著正向预测大学生的创业动机（$\beta = 0.354\ 3$，$p < 0.001$）和创业意识（$\beta = 0.136\ 8$，$p < 0.001$）。最后，创业动机能显著正向预测创业意识（$\beta = 0.570\ 5$，$p < 0.001$），而在链式中介效应模型中直接效应已经不再显著，即此时的中介效应模型中，宜人性不再显著预测其创业意识（$\beta = 0.041\ 1$，$p > 0.05$），说明完全中介作用的存在，即宜人性对其创业意识的影响，是先通过影响其创新精神和创业动机后，再来间接影响创业意识水平的。中介效应的 Bootstrap 路径分析结果见表 9.30。

表 9.30 标准化效应值和 95%置信区间

路径	效应值	效应占比/%	95%下限	95%上限
宜人性→创业意识（总效应）	0.276 0		0.103 4	0.448 7
宜人性→创业意识（直接效应）	0.041 1	不显著	-0.092 8	0.175 1
宜人性→创业意识（总的间接效应）	0.234 9	85.11	0.109 1	0.361 8
路径 1：宜人性→创新精神→创业意识	0.064 6	23.41	0.021 3	0.115 9
路径 2：宜人性→创业动机→创业意识	0.074 9	不显著	-0.033 3	0.188 0
路径 3：宜人性→创新精神→创业动机→创业意识	0.095 4	34.57	0.053 5	0.145 4

表 9.30 表明：大学生创新精神和创业动机在宜人性与创业意识间起着非常显著的中介作用，总的中介效应值的大小为 0.234 9，占总效应大小的 85.11%，中介效应具体由两条显著路径产生的间接效应组成。路径 1：宜人性→创新精神→创业意识，效应值大小为 0.064 6，间接效应占总效应的比值大小 23.41%。路径 3：宜人性→创新精神→创业动机→创业意识，效应值大小为 0.095 4，间接效应占总效应的比值大小为 34.57%。并且，以上路径间接效应的 95%置信区间均不包含 0，表明两条间接效应路径均达到显著水平。但是，路径 2：宜人性→创业动机→创业意识，效应值大小为 0.074 9，该条路径的区间包含 0 表明该条间接路径不显著。结果表明宜人性对其创业意识的间接影响主要是通过路径 1 和路径 3 两条间接路径产生的。

3. 开放性对大学生创业意识的影响：创新精神和创业动机链式中介效应

前面的分析结果符合进一步对创新精神和创业动机在开放性人格与大学生创业意识之间起链式中介作用进行检验的统计学要求。接下来使用 Hayes（2013）编制的 SPSS 宏程序，执行基于 Bootstrap 分析的中介效应检验，并选用专门进行链式中介模型检验的模型 6 进行分析。链式中介效应的检验结果见表 9.31 和图 9.8。

表 9.31　创新精神和创业动机在开放性和大学生创业意识间的链式中介模型分析

回归方程		整体拟合指数			回归系数显著性	
结果变量	预测变量	R	R^2	F	Beta (β)	t
创业意识		0.366 9	0.134 6	103.157 2***		
	开放性				0.700 6	10.156 6***
创新精神		0.454 7	0.206 7	172.762 3***		
	开放性				0.756 1	13.143 9***
创业动机		0.489 7	0.239 8	104.431 0***		
	开放性				0.903 2	11.479 0***
	创新精神				0.123 1	2.601 4**
创业意识	开放性	0.666 2	0.443 8	175.828 8***	0.036 9	0.542 4
	创新精神				0.133 8	3.559 8***
	创业动机				0.564 6	18.382 3***

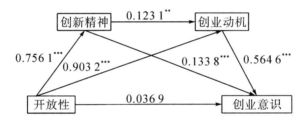

图 9.8　大学生创新精神和创业动机在开放性和创业意识间的链式中介效应

　　表 9.31 表明：首先，总效应显著，即开放性能单独显著正向预测大学生的创业意识（$\beta = 0.700\ 6$，$p < 0.001$）。其次，将创新精神和创业动机纳入回归方程进行链式中介作用分析后，开放性能显著正向预测创新精神（$\beta = 0.756\ 1$，$p < 0.001$）和创业动机（$\beta = 0.903\ 2$，$p<0.001$）。最后，创新精神可以显著正向预测大学生的创业动机（$\beta = 0.123\ 1$，$p < 0.001$）和创业意识（$\beta = 0.133\ 8$，$p<0.001$），创业动机能显著正向预测创业意识（$\beta = 0.564\ 6$，$p < 0.001$），而在链式中介效应模型中直接效应已经不再显著，即此时的中介效应模型中，开放性不再显著预测其创业意识（$\beta = 0.036\ 9$，$p > 0.05$），说明完全中介作用的存在，即开放性对其创业意识的影响，主要是先通过影响其创新精神和创业动机后，再来间接影响创业意识水平的。中介效应的 Bootstrap 路径分析结果见表 9.32。

表 9.32 标准化效应值和 95% 置信区间

路径	效应值	效应占比/%	95%下限	95%上限
开放性→创业意识（总效应）	0.700 6		0.565 2	0.836 1
开放性→创业意识（直接效应）	0.036 9	5.27%	-0.096 8	0.170 6
开放性→创业意识（总的间接效应）	0.663 7	94.73%	0.538 7	0.796 8
路径1：开放性→创新精神→创业意识	0.101 2	14.44%	0.034 0	0.171 7
路径2：开放性→创业动机→创业意识	0.510 0	72.79%	0.392 9	0.635 1
路径3：开放性→创新精神→创业动机→创业意识	0.052 5	7.49%	0.007 5	0.100 4

表 9.32 表明，大学生创新精神和创业动机在开放性人格与创业意识间起着非常显著的中介作用，总的中介效应值的大小为 0.663 7，占总效应大小的 94.73%，中介效应具体由三条路径产生的间接效应组成。路径 1：开放性→创新精神→创业意识，效应值大小为 0.101 2，间接效应占总效应的比值大小为 14.44%。路径 2：开放性→创业动机→创业意识，效应值大小为 0.510 0，间接效应占总效应的比值大小为 72.79%。路径 3：开放性→创新精神→创业动机→创业意识，效应值大小为 0.052 5，间接效应占总效应的比值大小为 7.49%。并且，以上路径间接效应的 95% 置信区间均不包含 0，表明三条间接效应路径均达到显著水平。

4. 外向性对大学生创业意识的影响：创新精神和创业动机链式中介效应

前面的分析结果符合进一步对创新精神和创业动机在外向性人格与大学生创业意识之间起链式中介作用进行检验的统计学要求。接下来使用 Hayes（2013）编制的 SPSS 宏程序，执行基于 Bootstrap 分析的中介效应检验，并选用专门进行链式中介模型检验的模型 6 进行分析。中介效应的检验结果见表 9.33 和图 9.9。

表9.33　创新精神和创业动机在外向性和大学生创业意识间的链式中介模型分析

回归方程		整体拟合指数			回归系数显著性	
结果变量	预测变量	R	R^2	F	Beta (β)	t
创业意识		0.312 0	0.097 3	71.498 6***		
	外向性				0.628 1	8.455 7***
创新精神		0.185 7	0.034 5	23.670 3***		
	外向性				0.325 5	4.865 2***
创业动机		0.408 1	0.166 5	66.141 1***		
	外向性				0.619 8	7.871 9***
	创新精神				0.304 4	6.778 1***
创业意识	外向性	0.672 1	0.451 8	181.574 4***	0.194 0	3.144 1**
	创新精神				0.130 7	3.757 2***
	创业动机				0.544 6	18.700 4***

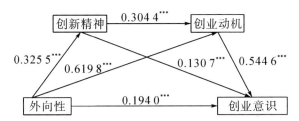

图9.9　大学生创新精神和创业动机在外向性和创业意识间的链式中介效应

　　表9.33表明：首先，总效应显著，即外向性能单独显著正向预测大学生的创业意识（$\beta = 0.628\ 1$，$p < 0.001$）。其次，将创新精神和创业动机纳入回归方程进行链式中介作用分析后，外向性能显著正向预测创新精神（$\beta = 0.325\ 5$，$p < 0.001$）和创业动机（$\beta = 0.619\ 8$，$p<0.001$），创新精神可以显著正向预测大学生的创业动机（$\beta = 0.304\ 4$，$p < 0.001$）和创业意识（$\beta = 0.1\ 307$，$p<0.001$）。最后，创业动机能显著正向预测创业意识（$\beta = 0.544\ 6$，$p < 0.001$），而在链式中介效应模型中直接效应仍然显著，外向性仍然能显著预测其创业意识（$\beta = 0.194$，$p < 0.01$），说明外向性对其创业意识的影响，很大部分是先通过影响其创新精神和创业动机后，再来间接影响创业意识水平的。中介效应的 Bootstrap 路径分析结果见表9.34。

表 9.34　标准化效应值和 95% 置信区间

路径	效应值	效应占比/%	95%下限	95%上限
外向性→创业意识（总效应）	0.628 1		0.482 2	0.773 9
外向性→创业意识（直接效应）	0.194 0	30.89	0.072 8	0.315 1
外向性→创业意识（总的间接效应）	0.434 1	69.11	0.319 0	0.549 9
路径1：外向性→创新精神→创业意识	0.042 6	6.78	0.014 2	0.078 6
路径2：外向性→创业动机→创业意识	0.337 6	53.75	0.237 8	0.440 1
路径3：外向性→创新精神→创业动机→创业意识	0.054 0	8.60	0.027 1	0.085 8

表 9.34 表明：大学生创新精神和创业动机在外向性与创业意识间起着非常显著的中介作用，总的中介效应值的大小为 0.434 1，占总效应大小的 69.11%，中介效应具体由三条路径产生的间接效应组成。路径 1：外向性→创新精神→创业意识，效应值大小为 0.042 6，间接效应占总效应的比值大小为 6.78%。路径 2：外向性→创业动机→创业意识，效应值大小为 0.337 6，间接效应占总效应的比值大小为 53.75%。路径 3：外向性→创新精神→创业动机→创业意识，效应值大小为 0.054，间接效应占总效应的比值大小为 8.60%。并且，以上路径间接效应的 95% 置信区间均不包含 0，表明三条间接效应路径均达到显著水平。

四、父母教养方式对大学生创新创业意识影响的具体机制

（一）母亲教养方式对大学生创新创业意识影响的具体中介效应模型

1. 母亲情感温暖对大学生创业意识的影响：创新精神的中介作用

以父母教养方式中的母亲情感温暖为自变量 X、创业意识为因变量 Y、创新精神为中介变量 M，运用 SPSS 宏程序 Process 中的模型 4 检验中介效应的显著性，并且计算中介效应量的大小，结果见表 9.35。

表 9.35　创新精神在母亲情感温暖与创业意识之间的中介效应分析

路径	效应值	标准误	效果量/%	95%置信区间	
				下限	上限
直接效应: 母亲情感温暖 X→创业意识 Y	0.222 4	0.102 5	49.89	0.021 1	0.423 7
间接效应: 母亲情感温暖 X→创新精神 M→创业意识 Y	0.223 4	0.043 8	50.11	0.143 9	0.315 8
总效应	0.445 8	0.101 7		0.246 2	0.645 5

中介效应的检验结果显示,"母亲情感温暖→创业意识"的直接效应显著 ($B=0.222\ 4$, SE$=0.102\ 5$, $p=0.030\ 4$, 95% CI$=[0.021\ 1, 0.423\ 7]$),"母亲情感温暖→创新精神→创业意识"的间接效应显著 ($B=0.223\ 4$, SE$=0.043\ 8$, $p<0.001$, 95% CI$=[0.143\ 9, 0.315\ 8]$)。因此,创新精神在母亲情感温暖和创业意识之间起到部分中介作用,中介效应在总效应中的效果量为 50.11%。

2. 母亲情感温暖对大学生创业意识的影响:创业动机的中介作用

以父母教养方式中的母亲情感温暖为自变量 X、创业意识为因变量 Y、创业动机为中介变量 M,运用 SPSS 宏程序 Process 中的模型 4 检验中介效应的显著性,并且计算中介效应量的大小,结果见表 9.36。

表 9.36　创业动机在母亲情感温暖与创业意识之间的中介效应分析

路径	效应值	标准误	效果量/%	95%置信区间	
				下限	上限
直接效应: 母亲情感温暖 X→创业意识 Y	0.102 1	0.079 9	22.90	-0.054 7	0.258 9
间接效应: 母亲情感温暖 X→创业动机 M→创业意识 Y	0.343 7	0.077 2	77.09	0.199 0	0.501 7
总效应	0.445 8	0.101 7		0.199 0	0.501 7

中介效应的检验结果显示,"母亲情感温暖→创业意识"的直接效应不再显著 ($B=0.102\ 1$, SE$=0.079\ 9$, $p=0.201\ 4$, 95% CI$=[-0.054\ 7, 0.258\ 9]$),"母亲情感温暖→创业动机→创业意识"的间接效应同样显著 ($B=0.343\ 7$, SE$=0.077\ 2$, $p<0.001$, 95% CI$=[0.199\ 0, 0.501\ 7]$)。因

此，创业动机在母亲情感温暖和创业意识之间起到完全中介作用。

3. 母亲情感温暖对大学生创业动机的影响：创新精神的中介作用

以父母教养方式中的母亲情感温暖为自变量 X、创业动机为因变量 Y、创新精神为中介变量 M，运用 SPSS 宏程序 Process 中的模型 4 检验中介效应的显著性，并且计算中介效应量的大小，结果见表 9.37。

表 9.37 创新精神在母亲情感温暖与创业动机之间的中介效应分析

路径	效应值	标准误	效果量 /%	95%置信区间	
				下限	上限
直接效应： 母亲情感温暖 X→创业动机 Y	0.354 4	0.110 2	61.75	0.137 9	0.570 9
间接效应： 母亲情感温暖 X→创新精神 M→ 创业动机 Y	0.219 4	0.046 8	38.23	0.134 9	0.315 3
总效应	0.573 9	0.108 6		0.360 5	0.787 2

中介效应的检验结果显示，"母亲情感温暖→创业动机"的直接效应显著（$B=0.354\ 4$，$SE=0.110\ 2$，$p<0.01$，95% CI = [0.137 9，0.570 9]），"母亲情感温暖→创新精神→创业动机"的间接效应同样显著（$B=0.219\ 4$，$SE=0.046\ 8$，$p<0.001$，95% CI = [0.134 9，0.315 3]）。因此，创新精神在母亲情感温暖和创业动机之间起到部分中介作用，中介效应在总效应中的效果量为 38.23%。

4. 母亲拒绝对大学生创业意识的影响：创新精神的中介作用

（1）母亲拒绝对大学生创业主动性的影响：创新精神的中介作用。

以父母教养方式中的母亲拒绝为自变量 X、创业意识中的创业主动性维度为因变量 Y、创新精神为中介变量 M，运用 SPSS 宏程序 Process 中的模型 4 检验中介效应的显著性，并且计算中介效应量的大小，结果见表 9.38。

表 9.38 创新精神在母亲拒绝与创业主动性之间的中介效应分析

路径	效应值	标准误	95%置信区间	
			下限	上限
直接效应： 母亲拒绝 X→创业主动性意识 Y	0.158 8	0.037 8	0.084 6	0.233 0

表9.38(续)

路径	效应值	标准误	95%置信区间	
			下限	上限
间接效应： 母亲拒绝 X→创新精神 M→ 创业主动性意识 Y	−0.023 2	0.010 0	−0.044 7	−0.006 3
总效应	0.135 6	0.038 4	0.060 2	0.211 0

中介效应的检验结果显示，"母亲拒绝→创业主动性意识"的直接效应显著（$B = 0.158\ 8$，$SE = 0.037\ 8$，$p < 0.001$，95% $CI = [0.084\ 6, 0.233]$），"母亲拒绝→创新精神→创业主动性意识"的间接效应同样显著（$B = -0.023\ 2$，$SE = 0.01$，$p < 0.001$，95% $CI = [0.060\ 2, 0.211]$）。因此，创新精神在母亲拒绝和创业主动性意识之间起到部分中介作用。

（2）母亲拒绝对大学生创业回避的影响：创新精神的中介作用。

以父母教养方式中的母亲拒绝为自变量 X、创业意识中的创业回避为因变量 Y、创新精神为中介变量 M，运用 SPSS 宏程序 Process 中的模型 4 检验中介效应的显著性，并且计算中介效应量的大小，结果见表9.39。

表 9.39　创新精神在母亲拒绝与创业回避之间的中介效应分析

路径	效应值	标准误	效果量/%	95%置信区间	
				下限	上限
直接效应： 母亲拒绝 X→创业回避 Y	0.142 6	0.034 3	88.79	0.075 3	0.209 9
间接效应： 母亲拒绝 X→创新精神 M→ 创业回避 Y	0.017 9	0.017 9	11.15	0.004 2	0.035 6
总效应	0.160 6	0.034 6		0.092 6	0.228 6

中介效应的检验结果显示，"母亲拒绝→创业回避"的直接效应显著（$B = 0.142\ 6$，$SE = 0.034\ 3$，$p < 0.001$，95% $CI = [0.075\ 3, 0, 209\ 9]$），"母亲拒绝→创新精神→创业回避"的间接效应同样显著（$B = 0.017\ 9$，$SE = 0.017\ 9$，$p < 0.001$，95% $CI = [0.004\ 2, 0.035\ 6]$）。因此，创新精神在母亲拒绝和创业回避之间起到部分中介作用，中介效应在总效应中的效果量为 11.15%。

5. 母亲拒绝对大学生创业意识的影响：创业动机的中介作用

（1）母亲拒绝对大学生创业主动性的影响：冒险敢为的中介作用。

以父母教养方式中的母亲拒绝为自变量 X、创业意识的创业主动性维度为因变量 Y、创业动机的冒险敢为作为中介变量 M，运用 SPSS 宏程序 Process 中的模型 4 检验中介效应的显著性，并且计算中介效应量的大小，结果见表 9.40。

表 9.40　冒险敢为在母亲拒绝与创业主动性之间的中介效应分析

路径	效应值	标准误	95%置信区间	
			下限	上限
直接效应： 母亲拒绝 X→创业主动性 Y	0.188 0	0.036 4	0.116 5	0.259 4
间接效应： 母亲拒绝 X→冒险敢为 M→ 创业主动性 Y	−0.052 4	0.015 4	−0.083 9	−0.024 1
总效应	0.135 6	0.038 4	0.060 2	0.024 1

中介效应的检验结果显示，"母亲拒绝→创业主动性"的直接效应显著（$B=0.188\ 0$，$SE=0.036\ 4$，$p<0.001$，95% CI = ［0.116 5，0.259 4]），"母亲拒绝→冒险敢为→创业主动性"的间接效应同样显著（$B=-0.052\ 4$，$SE=0.015\ 4$，$p<0.001$，95% CI = ［0.083 9，−0.024 1]）。因此，冒险敢为在母亲拒绝和创业主动性之间起到部分中介作用。

（2）母亲拒绝对大学生创业主动性的影响：自我实现的中介作用。

以父母教养方式中的母亲拒绝为自变量 X、创业意识的创业主动性维度为因变量 Y、创业动机的自我实现作为中介变量 M，运用 SPSS 宏程序 Process 中的模型 4 检验中介效应的显著性，并且计算中介效应量的大小，结果见表 9.41。

表 9.41　自我实现在母亲拒绝与创业主动性之间的中介效应分析

路径	效应值	标准误	95%置信区间	
			下限	上限
直接效应： 母亲拒绝 X→创业主动性 Y	0.174 9	0.034 8	0.106 6	0.243 2

表9.41(续)

路径	效应值	标准误	95%置信区间	
			下限	上限
间接效应： 母亲拒绝 X→自我实现 M→ 创业主动性 Y	−0.039 3	0.016 1	−0.072 4	−0.005
总效应	0.135 6	0.038 4	0.060 2	0.243 2

中介效应的检验结果显示，"母亲拒绝→创业主动性"的直接效应显著（$B = 0.174\ 9$，$SE = 0.034\ 8$，$p < 0.001$，95% $CI = [0.106\ 6, 0.243\ 2]$），"母亲拒绝→自我实现→创业主动性"的间接效应同样显著（$B = -0.039\ 3$，$SE = 0.016\ 1$，$p < 0.001$，95% $CI = [-0.072\ 4, -0.005]$）。因此，自我实现在母亲拒绝和创业主动性之间起到部分中介作用。

（3）母亲拒绝对大学生创业主动性的影响：追名求富的中介作用。

以父母教养方式中的母亲拒绝为自变量 X、创业意识的创业主动性维度为因变量 Y、创业动机的追名求富作为中介变量 M，运用 SPSS 宏程序 Process 中的模型 4 检验中介效应的显著性，并且计算中介效应量的大小，结果见表 9.42。

表 9.42　追名求富在母亲拒绝与创业主动性之间的中介效应分析

路径	效应值	标准误	95%置信区间	
			下限	上限
直接效应： 母亲拒绝 X→创业主动性 Y	0.185 1	0.036 1	0.114 2	0.256 1
间接效应： 母亲拒绝 X→追名求富 M→ 创业主动性 Y	−0.049 5	0.014 2	−0.078 5	−0.023 7
总效应	0.135 6	0.038 4	0.060 2	0.243 2

中介效应的检验结果显示，"母亲拒绝→创业主动性"的直接效应显著（$B = 0.185\ 1$，$SE = 0.036\ 1$，$p < 0.001$，95% $CI = [0.114\ 2, 0.256\ 1]$），"母亲拒绝→追名求富→创业主动性"的间接效应同样显著（$B = -0.049\ 5$，$SE = 0.014\ 2$，$p < 0.001$，95% $CI = [-0.078\ 5, -0.023\ 7]$）。因此，追名求富在母亲拒绝和创业主动性之间起到部分中介作用。

（4）母亲拒绝对大学生创业主动性的影响：社会支持的中介作用。

以父母教养方式中的母亲拒绝为自变量 X、创业意识的创业主动性维度为因变量 Y、创业动机的社会支持作为中介变量 M，运用 SPSS 宏程序 Process 中的模型 4 检验中介效应的显著性，并且计算中介效应量的大小，结果见表 9.43。

表 9.43 社会支持在母亲拒绝与创业主动性之间的中介效应分析

路径	效应值	标准误	效果量 /%	95%置信区间	
				下限	上限
直接效应： 母亲拒绝 X→创业主动性 Y	0.058 2	0.033 6	42.92	-0.007 8	0.124 2
间接效应： 母亲拒绝 X→社会支持 M→ 创业主动性 Y	0.077 4	0.018 8	57.08	0.041 3	0.114 3
总效应	0.135 6	0.038 4		0.060 2	0.243 2

中介效应的检验结果显示，"母亲拒绝→创业主动性"的直接效应显著（$B=0.058\ 2$，$SE=0.033\ 6$，$p=0.033\ 7$，95% CI = [-0.007 8，0.124 2]），"母亲拒绝→社会支持→创业主动性"的间接效应同样显著（$B=0.077\ 4$，$SE=0.018\ 8$，$p<0.001$，95% CI = [0.041 3，0.114 3]）。因此，社会支持在母亲拒绝和创业主动性之间起到部分中介作用，中介效应在总效应中的效果量为 57.08%。

（5）母亲拒绝对大学生创业回避的影响：冒险敢为的中介作用。

以父母教养方式中的母亲拒绝为自变量 X、创业意识的创业回避维度为因变量 Y、创业动机的冒险敢为作为中介变量 M，运用 SPSS 宏程序 Process 中的模型 4 检验中介效应的显著性，并且计算中介效应量的大小，结果见表 9.44。

表 9.44 冒险敢为在母亲拒绝与创业回避之间的中介效应分析

路径	效应值	标准误	效果量 /%	95%置信区间	
				下限	上限
直接效应： 母亲拒绝 X→创业回避 Y	0.132 5	0.034 3	82.50	0.065 2	0.199 8

表9.44(续)

路径	效应值	标准误	效果量/%	95%置信区间	
				下限	上限
间接效应: 母亲拒绝 X→冒险敢为 M→ 创业回避 Y	0.028 1	0.009 9	17.50	0.011 4	0.050 2
总效应	0.160 6	0.034 6		0.092 6	0.228 6

中介效应的检验结果显示,"母亲拒绝→创业回避"的直接效应显著($B=0.132\,5$,$SE=0.034\,3$,$p<0.001$,95% CI = $[0.065\,2, 0.199\,8]$),"母亲拒绝→冒险敢为→创业回避"的间接效应同样显著($B=0.028\,1$,$SE=0.009\,9$,$p<0.001$,95% CI = $[0.011\,4, 0.050\,2]$)。因此,冒险敢为在母亲拒绝和创业回避之间起到部分中介作用,中介效应在总效应中的效果量为17.50%。

(6)母亲拒绝对大学生创业回避的影响:自我实现的中介作用。

以父母教养方式中的母亲拒绝为自变量 X、创业意识的创业回避维度为因变量 Y、创业动机的自我实现作为中介变量 M,运用 SPSS 宏程序 Process 中的模型4检验中介效应的显著性,并且计算中介效应量的大小,结果见表9.45。

表 9.45 自我实现在母亲拒绝与创业回避之间的中介效应分析

路径	效应值	标准误	效果量/%	95%置信区间	
				下限	上限
直接效应: 母亲拒绝 X→创业回避 Y	0.140 3	0.033 7	87.36	0.074 1	0.206 5
间接效应: 母亲拒绝 X→自我实现 M→ 创业回避 Y	0.020 3	0.008 9	12.64	0.004 5	0.039 1
总效应	0.160 6	0.034 6		0.092 6	0.228 6

中介效应的检验结果显示,"母亲拒绝→创业回避"的直接效应显著($B=0.140\,3$,$SE=0.033\,7$,$p<0.001$,95% CI = $[0.074\,1, 0.206\,5]$),"母亲拒绝→自我实现→创业回避"的间接效应同样显著($B=0.020\,3$,$SE=0.008\,9$,$p<0.001$,95% CI = $[0.004\,5, 0.039\,1]$)。因此,自我实现在母亲拒绝和创业回避之间起到部分中介作用,中介效应在总效应中的效

果量为 12.64%。

（7）母亲拒绝对大学生创业回避的影响：追名求富的中介作用。

以父母教养方式中的母亲拒绝为自变量 X、创业意识的创业回避维度为因变量 Y、创业动机的追名求富作为中介变量 M，运用 SPSS 宏程序 Process 中的模型 4 检验中介效应的显著性，并且计算中介效应量的大小，结果见表 9.46。

表 9.46　追名求富在母亲拒绝与创业回避之间的中介效应分析

路径	效应值	标准误	效果量/%	95%置信区间	
				下限	上限
直接效应： 母亲拒绝 X→创业回避 Y	0.131 2	0.034 0	81.69	0.064 5	0.197 8
间接效应： 母亲拒绝 X→追名求富 M→ 创业回避 Y	0.029 4	0.009 6	18.31	0.012 6	0.049 8
总效应	0.160 6	0.034 6		0.092 6	0.228 6

中介效应的检验结果显示，"母亲拒绝→创业回避"的直接效应显著（$B=0.131\ 2$，$SE=0.034\ 0$，$p<0.001$，95% CI＝［0.064 5，0.197 8］），"母亲拒绝→追名求富→创业回避"的间接效应同样显著（$B=0.029\ 4$，$SE=0.009\ 6$，$p<0.001$，95% CI＝［0.012 6，0.049 8］）。因此，追名求富在母亲拒绝和创业回避之间起到部分中介作用，中介效应在总效应中的效果量为 18.31%。

（8）母亲拒绝对大学生创业回避的影响：社会支持的中介作用。

以父母教养方式中的母亲拒绝为自变量 X、创业意识的创业回避维度为因变量 Y、创业动机的社会支持作为中介变量 M，运用 SPSS 宏程序 Process 中的模型 4 检验中介效应的显著性，并且计算中介效应量的大小，结果见表 9.47。

表 9.47　社会支持在母亲拒绝与创业回避之间的中介效应分析

路径	效应值	标准误	95%置信区间	
			下限	上限
直接效应： 母亲拒绝 X→创业回避 Y	0.167 4	0.035 0	0.098 6	0.236 2

路径	效应值	标准误	95%置信区间	
			下限	上限
间接效应： 母亲拒绝 X→社会支持 M→ 创业回避 Y	−0.006 8	0.007 5	−0.023 2	0.007 1
总效应	0.160 6	0.034 6	0.092 6	0.228 6

中介效应的检验结果显示，"母亲拒绝→创业回避"的直接效应显著（$B = 0.167\ 4$，$SE = 0.035$，$p < 0.001$，95% CI = [0.098 6，0.236 2]），"母亲拒绝→社会支持→创业回避"的间接效应不显著（$B = -0.006\ 8$，$SE = 0.007\ 5$，$p = 0.206\ 9$，95% CI = [−0.023 2，0.007 1]）。因此，社会支持在母亲拒绝和创业回避之间不能起到中介作用。

6. 母亲拒绝对大学生创业动机的影响：创新精神的中介作用

（1）母亲拒绝对大学生冒险敢为的影响：创新精神的中介作用。

以父母教养方式中的母亲拒绝为自变量 X、创业动机中的冒险敢为为因变量 Y、创新精神为中介变量 M，运用 SPSS 宏程序 Process 中的模型 4 检验中介效应的显著性，并且计算中介效应量的大小，结果见表9.48。

表9.48　创新精神在母亲拒绝与冒险敢为之间的中介效应分析

路径	效应值	标准误	效果量/%	95%置信区间	
				下限	上限
直接效应： 母亲拒绝 X→冒险敢为 Y	−0.094 5	0.030 9	74.64	−0.155 2	−0.033 9
间接效应： 母亲拒绝 X→创新精神 M→ 冒险敢为 Y	−0.032 0	0.012 7	25.28	−0.059 1	−0.007 9
总效应	−0.126 6	0.032 7		−0.190 8	−0.062 4

中介效应的检验结果显示，"母亲拒绝→冒险敢为"的直接效应显著（$B = -0.094\ 5$，$SE = 0.030\ 9$，$p < 0.01$，95% CI = [−0.155 2，−0.033 9]），"母亲拒绝→创新精神→冒险敢为"的间接效应同样显著（$B = -0.032$，$SE = 0.012\ 7$，$p < 0.001$，95% CI = [−0.059 1，0.007 9]）。因此，创新精神在母亲拒绝和冒险敢为之间起到部分中介作用，中介效应在总效应中的效果量为25.28%。

（2）母亲拒绝对大学生自我实现的影响：创新精神的中介作用。

以父母教养方式中的母亲拒绝为自变量 X、创业动机中的自我实现为因变量 Y、创新精神为中介变量 M，运用 SPSS 宏程序 Process 中的模型 4 检验中介效应的显著性，并且计算中介效应量的大小，结果见表9.49。

表9.49　创新精神在母亲拒绝与自我实现之间的中介效应分析

路径	效应值	标准误	效果量/%	95%置信区间	
				下限	上限
直接效应： 母亲拒绝 $X \to$ 自我实现 Y	−0.065 9	0.038 0	72.10	−0.140 7	0.008 8
间接效应： 母亲拒绝 $X \to$ 创新精神 $M \to$ 自我实现 Y	−0.025 5	0.011 0	27.90	−0.049 1	−0.006 2
总效应	−0.091 4	0.038 8		−0.167 7	−0.015 1

中介效应的检验结果显示，"母亲拒绝→自我实现"的直接效应不再显著（$B=-0.065\ 9$，SE$=0.038$，$p=0.835$，95% CI$=[-0.140\ 7,\ 0.008\ 8]$），"母亲拒绝→创新精神→自我实现"的间接效应显著（$B=-0.025\ 5$，SE$=0.011$，$p<0.001$，95% CI$=[-0.049\ 1,\ -0.006\ 2]$）。因此，创新精神在母亲拒绝和自我实现之间起到完全中介作用。

（3）母亲拒绝对大学生追名求富的影响：创新精神的中介作用。

以父母教养方式中的母亲拒绝为自变量 X、创业动机中的追名求富为因变量 Y、创新精神为中介变量 M，运用 SPSS 宏程序 Process 中的模型 4 检验中介效应的显著性，并且计算中介效应量的大小，结果见表9.50。

表9.50　创新精神在母亲拒绝与追名求富之间的中介效应分析

路径	效应值	标准误	效果量/%	95%置信区间	
				下限	上限
直接效应： 母亲拒绝 $X \to$ 追名求富 Y	−0.098 4	0.032 7	84.10	−0.162 7	−0.034 1
间接效应： 母亲拒绝 $X \to$ 创新精神 $M \to$ 追名求富 Y	−0.018 6	0.008 4	15.90	−0.037 6	−0.004 4
总效应	−0.117 0	0.033 2		−0.182 1	−0.051 8

中介效应的检验结果显示，"母亲拒绝→追名求富"的直接效应显著（$B=-0.0984$，$SE=0.0327$，$p<0.01$，95% CI = [-0.1627，-0.0341]），"母亲拒绝→创新精神→追名求富"的间接效应同样显著（$B=-0.0186$，$SE=0.0084$，$p<0.001$，95% CI = [-0.0376，-0.0044]）。因此，创新精神在母亲拒绝和追名求富之间起到部分中介作用，中介效应在总效应中的效果量为15.90%。

（4）母亲拒绝对大学生社会支持的影响：创新精神的中介作用。

以父母教养方式中的母亲拒绝为自变量 X、创业动机中的社会支持为因变量 Y、创新精神为中介变量 M，运用 SPSS 宏程序 Process 中的模型 4 检验中介效应的显著性，并且计算中介效应量的大小，结果见表9.51。

表9.51 创新精神在母亲拒绝与社会支持之间的中介效应分析

路径	效应值	标准误	95%置信区间	
			下限	上限
直接效应： 母亲拒绝 X→社会支持 Y	0.176 1	0.038 2	0.078 6	0.230 5
间接效应： 母亲拒绝 X→创新精神 M→ 社会支持 Y	−0.021 6	0.009 6	−0.042 9	−0.005 6
总效应	0.154 5	0.038 7	0.078 6	0.230 5

中介效应的检验结果显示，"母亲拒绝→社会支持"的直接效应显著（$B=0.1761$，$SE=0.0382$，$p<0.001$，95% CI = [0.0786，0.2305]），"母亲拒绝→创新精神→社会支持"的间接效应同样显著（$B=-0.0216$，$SE=0.0096$，$p<0.001$，95% CI = [-0.0429，-0.0056]）。因此，创新精神在母亲拒绝和社会支持之间起到部分中介作用。

（二）父亲教养方式对大学生创新创业意识影响的具体中介效应模型

1. 父亲情感温暖对大学生创业意识的影响：创新精神的中介作用

以父母教养方式中的父亲情感温暖为自变量 X、创业意识为因变量 Y、创新精神为中介变量 M，运用 SPSS 宏程序 Process 中的模型 4 检验中介效应的显著性，并且计算中介效应量的大小，结果见表9.52。

表 9.52 创新精神在父亲情感温暖与创业意识之间的中介效应分析

路径	效应值	标准误	效果量/%	95%置信区间	
				下限	上限
直接效应: 父亲情感温暖 X→创业意识 Y	0.267 0	0.094 1	58.22	0.082 3	0.451 7
间接效应: 父亲情感温暖 X→创新精神 M→ 创业意识 Y	0.191 6	0.041 6	41.78	0.115 3	0.279 2
总效应	0.458 6	0.093 7		0.274 7	0.642 5

中介效应的检验结果显示,"父亲情感温暖→创业意识"的直接效应显著(B=0.267,SE=0.094 1,$p<0.01$,95% CI=[0.082 3,0.451 7]),"父亲情感温暖→创新精神→创业意识"的间接效应同样显著(B=0.191 6,SE=0.041 6,$p<0.001$,95% CI=[0.115 3,0.279 2])。因此,创新精神在父亲情感温暖和创业意识之间起到部分中介作用,中介效应在总效应中的效果量为 41.78%。

2. 父亲情感温暖对大学生创业意识的影响:创业动机的中介作用

以父母教养方式中的父亲情感温暖为自变量 X、创业意识为因变量 Y、创业动机为中介变量 M,运用 SPSS 宏程序 Process 中的模型 4 检验中介效应的显著性,并且计算中介效应量的大小,结果见表 9.53。

表 9.53 创业动机在父亲情感温暖与创业意识之间的中介效应分析

路径	效应值	标准误	效果量/%	95%置信区间	
				下限	上限
直接效应: 父亲情感温暖 X→创业意识 Y	0.090 4	0.074 0	19.71	-0.054 8	0.235 7
间接效应: 父亲情感温暖 X→创业动机 M→ 创业意识 Y	0.368 2	0.072 3	80.29	0.229 0	0.512 8
总效应	0.458 6	0.093 7		0.274 7	0.642 5

中介效应的检验结果显示,"父亲情感温暖→创业意识"的直接效应不再显著(B=0.090 4,SE=0.074 0,p=0.221 9,95% CI=[-0.054 8,0.235 7]),"父亲情感温暖→创业动机→创业意识"的间接效应显著(B=0.368 2,SE=0.072 3,$p<0.001$,95% CI=[0.229,0.512 8])。因此,

创业动机在父亲情感温暖和创业意识之间起到完全中介作用。

3. 父亲情感温暖对大学生创业动机的影响：创新精神的中介作用

以父母教养方式中的父亲情感温暖为自变量 X、创业动机为因变量 Y、创新精神为中介变量 M，运用 SPSS 宏程序 Process 中的模型 4 检验中介效应的显著性，并且计算中介效应量的大小，结果见表 9.54。

表 9.54　创新精神在父亲情感温暖与创业意识之间的中介效应分析

路径	效应值	标准误	效果量/%	95%置信区间	
				下限	上限
直接效应： 父亲情感温暖 X→创业动机 Y	0.426 5	0.101 5	69.26	0.227 2	0.625 7
间接效应： 父亲情感温暖 X→创新精神 M→ 创业动机 Y	0.189 4	0.043 1	30.76	0.114 6	0.279 4
总效应	0.615 8	0.100 4		0.418 7	0.813 0

中介效应的检验结果显示，"父亲情感温暖→创业动机"的直接效应显著（$B = 0.426\ 5$，$SE = 0.101\ 5$，$p < 0.001$，95% $CI = [0.227\ 2, 0.625\ 7]$），"父亲情感温暖→创新精神→创业动机"的间接效应同样显著（$B = 0.189\ 4$，$SE = 0.043\ 1$，$p < 0.001$，95% $CI = [0.114\ 6, 0.279\ 4]$）。因此，创新精神在父亲情感温暖和创业动机之间起到部分中介作用，中介效应在总效应中的效果量为 30.76%。

4. 父亲拒绝对大学生创业意识的影响：创新精神的中介作用

（1）父亲拒绝对大学生创业主动性的影响：创新精神的中介作用。

以父母教养方式中的父亲拒绝为自变量 X、创业意识中的创业主动性维度为因变量 Y、创新精神为中介变量 M，运用 SPSS 宏程序 Process 中的模型 4 检验中介效应的显著性，并且计算中介效应量的大小，结果见表 9.55。

表 9.55　创新精神在父亲拒绝与创业主动性之间的中介效应分析

路径	效应值	标准误	95%置信区间	
			下限	上限
直接效应： 父亲拒绝 X→创业主动性 Y	0.147 7	0.038 7	0.071 7	0.223 8

表9.55(续)

路径	效应值	标准误	95%置信区间	
			下限	上限
间接效应: 父亲拒绝 X→创新精神 M→ 创业主动性 Y	−0.016 1	0.008 8	−0.035 2	−0.000 6
总效应	0.131 6	0.039 4	0.054 3	0.208 9

中介效应的检验结果显示,"父亲拒绝→创业主动性"的直接效应显著($B=0.147\ 7$, $SE=0.038\ 7$, $p<0.001$, 95% CI $=[0.071\ 7, 0.223\ 8]$),"父亲拒绝→创新精神→创业主动性"的间接效应同样显著($B=-0.016\ 1$, $SE=0.008\ 8$, $p<0.001$, 95% CI $=[-0.035\ 2, -0.000\ 6]$)。因此,创新精神在父亲拒绝和创业主动性之间起到中介作用。

(2)父亲拒绝对大学生创业回避的影响:创新精神的中介作用。

以父母教养方式中的父亲拒绝为自变量 X、创业意识中的创业回避为因变量 Y、创新精神为中介变量 M,运用 SPSS 宏程序 Process 中的模型4检验中介效应的显著性,并且计算中介效应量的大小,结果见表9.56。

表9.56　创新精神在父亲拒绝与创业回避之间的中介效应分析

路径	效应值	标准误	效果量 /%	95%置信区间	
				下限	上限
直接效应: 父亲拒绝 X→创业回避 Y	0.155 7	0.034 6	91.75	0.087 7	0.223 6
间接效应: 父亲拒绝 X→创新精神 M→ 创业回避 Y	0.014 1	0.007 8	8.31	0.000 9	0.031 8
总效应	0.169 7	0.035 1		0.100 8	0.238 7

中介效应的检验结果显示,"父亲拒绝→创业回避"的直接效应显著($B=0.155\ 7$, $SE=0.034\ 6$, $p<0.001$, 95% CI $=[0.087\ 7, 0.223\ 6]$),"父亲拒绝→创新精神→创业回避"的间接效应同样显著($B=0.014\ 1$, $SE=0.007\ 8$, $p<0.001$, 95% CI $=[0.000\ 9, 0.031\ 8]$)。因此,创新精神在父亲拒绝和创业回避之间起到部分中介作用,中介效应在总效应中的效果量为8.31%。

5. 父亲拒绝对大学生创业意识的影响：创业动机的中介作用

（1）父亲拒绝对大学生创业主动性的影响：冒险敢为的中介作用。

以父母教养方式中的父亲拒绝为自变量 X、创业意识的创业主动性维度为因变量 Y、创业动机的冒险敢为作为中介变量 M，运用 SPSS 宏程序 Process 中的模型 4 检验中介效应的显著性，并且计算中介效应量的大小，结果见表 9.57。

表 9.57　冒险敢为在父亲拒绝与创业主动性之间的中介效应分析

路径	效应值	标准误	95%置信区间	
			下限	上限
直接效应： 父亲拒绝 X→创业主动性 Y	0.183 5	0.039 4	0.054 3	0.208 9
间接效应： 父亲拒绝 X→冒险敢为 M→ 创业主动性 Y	−0.051 9	0.015 4	−0.084 7	−0.023 6
总效应	0.131 6	0.039 4	0.054 3	0.208 9

中介效应的检验结果显示，"父亲拒绝→创业主动性"的直接效应显著（$B = 0.183\,5$，$SE = 0.039\,2$，$p < 0.001$，95% CI ［0.054 3，0.208 9］），"父亲拒绝→冒险敢为→创业主动性"的间接效应同样显著（$B = -0.051\,9$，$SE = -0.051\,9$，$p < 0.001$，95% CI ［−0.084 7，−0.023 6］）。因此，冒险敢为在父亲拒绝和创业主动性之间起到中介作用。

（2）父亲拒绝对大学生创业主动性的影响：自我实现的中介作用。

以父母教养方式中的父亲拒绝为自变量 X、创业意识的创业主动性维度为因变量 Y、创业动机的自我实现作为中介变量 M，运用 SPSS 宏程序 Process 中的模型 4 检验中介效应的显著性，并且计算中介效应量的大小，结果见表 9.58。

表 9.58　自我实现在父亲拒绝与创业主动性之间的中介效应分析

路径	效应值	标准误	95%置信区间	
			下限	上限
直接效应： 父亲拒绝 X→创业主动性 Y	0.172 7	0.035 7	0.102 6	0.242 7

表9.58(续)

路径	效应值	标准误	95%置信区间	
			下限	上限
间接效应: 父亲拒绝 X→自我实现 M→ 创业主动性 Y	−0.041 1	0.015 6	−0.072 6	−0.012 0
总效应	0.131 6	0.039 4	0.054 3	0.208 9

中介效应的检验结果显示,"父亲拒绝→创业主动性"的直接效应显著($B=0.172\ 7$,SE$=0.035\ 7$,$p<0.001$,95% CI$=$ [0.102 6, 0.242 7]),"父亲拒绝→自我实现→创业主动性"的间接效应同样显著($B=-0.041\ 1$,SE$=0.015\ 6$,$p<0.001$,95% CI$=$ [−0.072 6, 0.012])。因此,自我实现在父亲拒绝和创业主动性之间起中介作用。

(3)父亲拒绝对大学生创业主动性的影响:追名求富的中介作用。

以父母教养方式中的父亲拒绝为自变量 X、创业意识的创业主动性维度为因变量 Y、创业动机的追名求富作为中介变量 M,运用 SPSS 宏程序 Process 中的模型4检验中介效应的显著性,并且计算中介效应量的大小,结果见表9.59。

表9.59 追名求富在父亲拒绝与创业主动性之间的中介效应分析

路径	效应值	标准误	95%置信区间	
			下限	上限
直接效应: 父亲拒绝 X→创业主动性 Y	0.173 9	0.036 9	0.101 5	0.246 4
间接效应: 父亲拒绝 X→追名求富 M→ 创业主动性 Y	−0.042 3	0.013 4	−0.070 0	−0.017 6
总效应	0.131 6	0.039 4	0.054 3	0.208 9

中介效应的检验结果显示,"父亲拒绝→创业主动性"的直接效应显著($B=0.173\ 9$,SE$=0.036\ 9$,$p<0.001$,95% CI$=$ [0.101 5, 0.246 4]),"父亲拒绝→追名求富→创业主动性"的间接效应同样显著($B=-0.042\ 3$,SE$=0.013\ 4$,$p<0.001$,95% CI$=$ [−0.07, −0.017 6])。因此,追名求富在父亲拒绝和创业主动性之间起中介作用。

（4）父亲拒绝对大学生创业主动性的影响：社会支持的中介作用

以父母教养方式中的父亲拒绝为自变量 X、创业意识的创业主动性维度为因变量 Y、创业动机的社会支持作为中介变量 M，运用 SPSS 宏程序 Process 中的模型 4 检验中介效应的显著性，并且计算中介效应量的大小，结果见表 9.60。

表 9.60　社会支持在父亲拒绝与创业主动性之间的中介效应分析

路径	效应值	标准误	效果量/%	95%置信区间	
				下限	上限
直接效应：父亲拒绝 X→创业主动性 Y	0.050 6	0.034 4	38.45	-0.017 0	0.118 2
间接效应：父亲拒绝 X→社会支持 M→创业主动性 Y	0.081 0	0.019 5	61.55	0.044 7	0.121 1
总效应	0.131 6	0.039 4		0.054 3	0.208 9

中介效应的检验结果显示，"父亲拒绝→创业主动性"的直接效应不再显著（$B=0.050\,6$，SE$=0.034\,4$，$p=0.141\,9$，95% CI$=$［-0.017，0.118 2］），"父亲拒绝→社会支持→创业主动性"的间接效应同样显著（$B=0.081$，SE$=0.019\,5$，$p<0.001$，95% CI$=$［0.044 7，0.121 1］）。因此，社会支持在父亲拒绝和创业主动性之间起到完全中介作用。

（5）父亲拒绝对大学生创业回避的影响：冒险敢为的中介作用。

以父母教养方式中的父亲拒绝为自变量 X、创业意识的创业回避维度为因变量 Y、创业动机的冒险敢为作为中介变量 M，运用 SPSS 宏程序 Process 中的模型 4 检验中介效应的显著性，并且计算中介效应量的大小，结果见表 9.61。

表 9.61　冒险敢为在父亲拒绝与创业回避之间的中介效应分析

路径	效应值	标准误	效果量/%	95%置信区间	
				下限	上限
直接效应：父亲拒绝 X→创业回避 Y	0.144 0	0.034 8	84.86	0.075 7	0.212 3
间接效应：父亲拒绝 X→冒险敢为 M→创业回避 Y	0.025 8	0.009 7	15.20	0.009 8	0.047 6

表9.61(续)

路径	效应值	标准误	效果量 /%	95%置信区间	
				下限	上限
总效应	0.169 7	0.035 1		0.100 8	0.238 7

中介效应的检验结果显示，"父亲拒绝→创业回避"的直接效应显著（$B = 0.144$，$SE = 0.034\ 8$，$p < 0.001$，$95\%\ CI = [0.075\ 7, 0.212\ 3]$），"父亲拒绝→冒险敢为→创业回避"的间接效应同样显著（$B = 0.025\ 8$，$SE = 0.009\ 7$，$p < 0.001$，$95\%\ CI = [0.009\ 8, 0.047\ 6]$）。因此，冒险敢为在父亲拒绝和创业回避之间起到部分中介作用，中介效应在总效应中的效果量为15.20%。

（6）父亲拒绝对大学生创业回避的影响：自我实现的中介作用。

以父母教养方式中的父亲拒绝为自变量 X、创业意识的创业回避维度为因变量 Y、创业动机的自我实现作为中介变量 M，运用SPSS宏程序Process中的模型4检验中介效应的显著性，并且计算中介效应量的大小，结果见表9.62。

表9.62 自我实现在父亲拒绝与创业回避之间的中介效应分析

路径	效应值	标准误	效果量 /%	95%置信区间	
				下限	上限
直接效应：父亲拒绝 X→创业回避 Y	0.148 9	0.034 2	87.74	0.081 7	0.216 0
间接效应：父亲拒绝 X→自我实现 M→创业回避 Y	0.020 9	0.008 9	12.32	0.005 2	0.039 9
总效应	0.169 7	0.035 1		0.100 8	0.238 7

中介效应的检验结果显示，"父亲拒绝→创业回避"的直接效应显著（$B = 0.148\ 9$，$SE = 0.034\ 2$，$p < 0.001$，$95\%\ CI = [0.081\ 7, 0.216]$），"父亲拒绝→自我实现→创业回避"的间接效应同样显著（$B = 0.020\ 9$，$SE = 0.008\ 9$，$p < 0.001$，$95\%\ CI = [0.005\ 2, 0.039\ 9]$）。因此，自我实现在父亲拒绝和创业回避之间起到部分中介作用，中介效应在总效应中的效果量为12.32%。

（7）父亲拒绝对大学生创业回避的影响：追名求富的中介作用。

以父母教养方式中的父亲拒绝为自变量 X、创业意识的创业回避维度

为因变量 Y、创业动机的追名求富作为中介变量 M，运用 SPSS 宏程序 Process 中的模型 4 检验中介效应的显著性，并且计算中介效应量的大小，结果见表 9.63。

表 9.63　追名求富在父亲拒绝与创业回避之间的中介效应分析

路径	效应值	标准误	效果量/%	95%置信区间	
				下限	上限
直接效应： 父亲拒绝 X→创业回避 Y	0.145 5	0.034 4	85.74	0.078 0	0.213 0
间接效应： 父亲拒绝 X→追名求富 M→ 创业回避 Y	0.024 3	0.008 9	14.31	0.008 4	0.043 4
总效应	0.169 7	0.035 1		0.100 8	0.238 7

中介效应的检验结果显示，"父亲拒绝→创业回避"的直接效应显著（$B=0.145\ 5$，$SE=0.034\ 4$，$p<0.001$，95% CI＝［0.078，0.213］），"父亲拒绝→追名求富→创业回避"的间接效应同样显著（$B=0.024\ 3$，$SE=0.008\ 9$，$p<0.001$，95% CI＝［0.008 4，0.043 4］）。因此，追名求富在父亲拒绝和创业回避之间起到部分中介作用，中介效应在总效应中的效果量为 14.31%。

（8）父亲拒绝对大学生创业回避的影响：社会支持的中介作用。

以父母教养方式中的父亲拒绝为自变量 X、创业意识的创业回避维度为因变量 Y、创业动机的社会支持作为中介变量 M，运用 SPSS 宏程序 Process 中的模型 4 检验中介效应的显著性，并且计算中介效应量的大小，结果见表 9.64。

表 9.64　社会支持在父亲拒绝与创业回避之间的中介效应分析

路径	效应值	标准误	95%置信区间	
			下限	上限
直接效应： 父亲拒绝 X→创业回避 Y	0.175 9	0.035 5	0.106 1	0.245 7
间接效应： 父亲拒绝 X→社会支持 M→ 创业回避 Y	−0.006 2	0.007 7	−0.022 1	0.008 5
总效应	0.169 7	0.035 1	0.100 8	0.238 7

中介效应的检验结果显示，"父亲拒绝→创业回避"的直接效应显著（$B=0.175\,9$，$SE=0.035\,5$，$p<0.001$，95% CI $=[0.106\,1,\ 0.245\,7]$），"父亲拒绝→社会支持→创业回避"的间接效应不显著（$B=-0.006\,2$，$SE=0.007\,7$，$p=0.265\,5$，95% CI $=[-0.022\,1,\ 0.008\,5]$）。因此，社会支持在父亲拒绝和创业回避之间不能起到中介作用。

6. 父亲拒绝对大学生创业动机的影响：创新精神的中介作用

（1）父亲拒绝对大学生冒险敢为的影响：创新精神的中介作用。

以父母教养方式中的父亲拒绝为自变量 X、创业动机中的冒险敢为为因变量 Y、创新精神为中介变量 M，运用 SPSS 宏程序 Process 中的模型 4 检验中介效应的显著性，并且计算中介效应量的大小，结果见表 9.65。

表 9.65　创新精神在父亲拒绝与冒险敢为之间的中介效应分析

路径	效应值	标准误	效果量/%	95%置信区间	
				下限	上限
直接效应： 父亲拒绝 X→冒险敢为 Y	-0.099 7	0.031 6	80.53	-0.161 8	-0.037 6
间接效应： 父亲拒绝 X→创新精神 M→冒险敢为 Y	-0.024 1	0.012 0	19.47	-0.048 3	-0.001 5
总效应	-0.123 8	0.033 6		-0.189 8	-0.057 8

中介效应的检验结果显示，"父亲拒绝→冒险敢为"的直接效应显著（$B=-0.099\,7$，$SE=0.031\,6$，$p<0.01$，95% CI $=[-0.161\,8,\ -0.037\,6]$），"父亲拒绝→创新精神→冒险敢为"的间接效应同样显著（$B=-0.024\,1$，$SE=0.012$，$p<0.001$，95% CI $=[-0.048\,3,\ -0.001\,5]$）。因此，创新精神在父亲拒绝和冒险敢为之间起到部分中介作用，中介效应在总效应中的效果量为 19.47%。

（2）父亲拒绝对大学生自我实现的影响：创新精神的中介作用。

以父母教养方式中的父亲拒绝为自变量 X、创业动机中的自我实现为因变量 Y、创新精神为中介变量 M，运用 SPSS 宏程序 Process 中的模型 4 检验中介效应的显著性，并且计算中介效应量的大小，结果见表 9.66。

表 9.66　创新精神在父亲拒绝与自我实现之间的中介效应分析

路径	效应值	标准误	效果量/%	95%置信区间	
				下限	上限
直接效应：父亲拒绝 X→自我实现 Y	-0.076 2	0.038 7	79.54	-0.152 2	-0.000 3
间接效应：父亲拒绝 X→创新精神 M→自我实现 Y	-0.019 6	0.010 3	20.46	-0.041 8	-0.000 8
总效应	-0.095 8	0.039 7		-0.173 7	-0.017 9

中介效应的检验结果显示，"父亲拒绝→自我实现"的直接效应显著（$B=-0.076\ 2$，$SE=0.038\ 7$，$p=0\ 492$，95% CI = $[-0.152\ 2，-0.000\ 3]$），"父亲拒绝→创新精神→自我实现"的间接效应同样显著（$B=-0.019\ 6$，$SE=0.010\ 3$，$p<0.001$，95% CI = $[-0.041\ 8，-0.000\ 8]$）。因此，创新精神在父亲拒绝和自我实现之间起到部分中介作用，中介效应在总效应中的效果量为 20.46%。

（3）父亲拒绝对大学生追名求富的影响：创新精神的中介作用。

以父母教养方式中的父亲拒绝为自变量 X、创业动机中的追名求富为因变量 Y、创新精神为中介变量 M，运用 SPSS 宏程序 Process 中的模型 4 检验中介效应的显著性，并且计算中介效应量的大小，结果见表 9.67。

表 9.67　创新精神在父亲拒绝与追名求富之间的中介效应分析

路径	效应值	标准误	效果量/%	95%置信区间	
				下限	上限
直接效应：父亲拒绝 X→追名求富 Y	-0.085 3	0.033 3	85.64	-0.150 7	-0.020 0
间接效应：父亲拒绝 X→创新精神 M→追名求富 Y	-0.014 3	0.007 9	14.36	-0.031 9	-0.001 0
总效应	-0.099 6	0.033 8		-0.166 1	-0.033 2

中介效应的检验结果显示，"父亲拒绝→追名求富"的直接效应显著（$B=-0.085\ 3$，$SE=0.033\ 3$，$p<0.01$，95% CI = $[-0.150\ 7，-0.020]$），"父亲拒绝→创新精神→追名求富"的间接效应同样显著（$B=-0.014\ 3$，$SE=0.007\ 9$，$p<0.001$，95% CI = $[-0.031\ 9，-0.001]$）。因此，创新精

神在父亲拒绝和追名求富之间起到部分中介作用，中介效应在总效应中的效果量为 14.36%。

（4）父亲拒绝对大学生社会支持的影响：创新精神的中介作用。

以父母教养方式中的父亲拒绝为自变量 X、创业动机中的社会支持为因变量 Y、创新精神为中介变量 M，运用 SPSS 宏程序 Process 中的模型 4 检验中介效应的显著性，并且计算中介效应量的大小，结果见表 9.68。

表 9.68　创新精神在父亲拒绝与社会支持之间的中介效应分析

路径	效应值	标准误	95%置信区间	
			下限	上限
直接效应： 父亲拒绝 X→社会支持 Y	0.176 1	0.038 8	0.099 8	0.252 4
间接效应： 父亲拒绝 X→创新精神 M→ 社会支持 Y	−0.015 6	0.008 4	−0.034 2	−0.001 2
总效应	0.160 5	0.039 4	0.083 1	0.237 9

中介效应的检验结果显示，"父亲拒绝→社会支持"的直接效应显著（$B = 0.176\ 1$，$SE = 0.038\ 8$，$p < 0.001$，95% CI = [0.099 8，0.252 4]），"父亲拒绝→创新精神→社会支持"的间接效应同样显著（$B = −0.015\ 6$，$SE = 0.008\ 4$，$p < 0.001$，95% CI = [−0.034 2，−0.001 2]）。直接效应与间接效应为异号情况，说明存在遮掩效应，效应大小为 0.088 6。

五、教师多元教学方式对大学生创新创业意识影响的具体机制

（一）教师多元教学方式对大学生创业意识的影响：创新精神的中介作用

以大学生的教师多元教学方式为自变量 X、创业意识为因变量 Y、创新精神为中介变量 M，运用 SPSS 宏程序 Process 中的模型 4 依次检验回归系数 c、a、b、ab 以及 c′，并且计算中介效应量的大小，结果见表 9.69、图 9.10。

表 9.69 创新精神在教师多元教学方式与创业意识间效应依次分析表

路径	总效应	直接效应	中介效应	t 值	95% LLCI	95% ULCI
教师多元教学方式 $X\to$创业意识 $Y(c)$	0.322 8			7.416 1***	0.237 4	0.408 3
教师多元教学方式 $X\to$创新精神 $M(a)$		0.222 6		5.784 3***	0.147 0	0.298 2
创新精神 $M\to$创业意识 $Y(b)$		0.297 5		7.015 2***	0.214 2	0.380 7
教师多元教学方式 $X\to$创业意识 $Y(c')$		0.256 6		5.956 9***	0.172 0	0.341 2
教师多元教学方式 $X\to$创新精神 $M\to$创业意识 $Y(ab)$			0.066 2		0.038 4	0.098 6
效应量（ab/c）	20.51%					

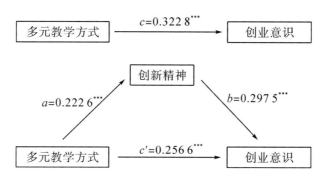

图 9.10 创新精神在教师多元教学方式与创业意识间的中介效应模型

通过温忠麟等人提出的新的中介效应检验流程，由表 9.69 可知：首先，检验得到教师多元教学方式对大学生创业意识的总效应系数 c 是显著的，所以可按中介效应立论；其次，依次检验得到系数 a（教师多元教学方式作用于创新精神）与 b（创新精神作用于创业意识）均显著，说明间接效应显著；最后，检验得到教师多元教学方式对创业意识的直接效应 c' 仍然显著，而且 ab 与 c' 同号，则说明创新精神在教师多元教学方式与创业意识间起部分中介效应，中介效应大小为 20.51%。根据方杰等人提出对系数乘积 ab 的检验，本书进一步利用 Bootstrap 法检验创新精神的中介效应，分析结果得到直接效应 c' 的 95% CI 为（0.172 0，0.341 2），间接效应 ab 的 95% CI 为（0.038 4，0.098 6），直接效应和间接效应的区间都不包括 0，说明两条路径的效应都是显著的。因此使用 Bootstrap 法检验结果表明，创新精神在教师多元教学方式与创业意识间的中介效应是显著的。

（二）教师多元教学方式对大学生创业意识的影响：创业动机的中介作用

以大学生的教师多元教学方式为自变量 X、创业意识为因变量 Y、创业动机为中介变量 M，运用 SPSS 宏程序 Process 中的模型 4 依次检验回归系数 c、a、b、ab 以及 c'，并且计算中介效应量的大小，结果见表 9.70、图 9.11。

表 9.70　创业动机在教师多元教学方式与创业意识间效应依次分析表

路径	总效应	直接效应	中介效应	t 值	95%LLCI	95%ULCI
教师多元教学方式 $X\to$ 创业意识 $Y(c)$	0.322 8			7.416 1***	0.237 4	0.408 3
教师多元教学方式 $X\to$ 创业动机 $M(a)$		0.366 0		7.793 3***	0.273 8	0.458 2
创业动机 $M\to$ 创业意识 $Y(b)$		0.579 9		20.632 6***	0.524 7	0.635 1
教师多元教学方式 $X\to$ 创业意识 $Y(c')$		0.110 6		3.114 6**	0.040 9	0.180 3
教师多元教学方式 $X\to$ 创业动机 $M\to$ 创业意识 $Y(ab)$			0.212 2		0.136 8	0.290 3
效应量（ab/c）	65.74%					

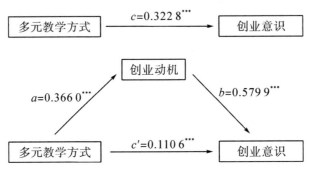

图 9.11　创业动机在教师多元教学方式与创业意识间的中介效应模型

通过温忠麟等人提出的新的中介效应检验流程，由表 9.70 可知：首先，检验得到教师多元教学方式对创业意识的总效应系数 c 是显著的，所以按中介效应立论；其次，依次检验得到系数 a（教师多元教学方式作用于创业动机）与 b（创业动机作用于创业意识）均显著，说明间接效应显著；最后，检验得到教师多元教学方式对创业意识的直接效应 c' 仍然显著，而且 ab 与 c' 同号，则说明创业动机在教师多元教学方式与创业意识间起部分中介效应，中介效应大小为 65.74%。根据方杰等人提出对系数乘积 ab 的检验，本书进一步利用 Bootstrap 法检验创业动机的中介效应，分析结果得到直接效应 c' 的 95% CI 为（0.040 9，0.180 3），间接效应 ab 的 95% CI 为（0.136 8，0.290 3），直接效应和间接效应的区间都不包括 0，说明两条路径的效应都是显著的。因此使用 Bootstrap 法检验结果表明，创业动机在教师多元教学方式与创业意识间的中介效应是显著的。

（三）教师多元教学方式对大学生创业动机的影响：创新精神的中介作用

以大学生的教师多元教学方式为自变量 X、创业动机为因变量 Y、创新精神为中介变量 M，运用 SPSS 宏程序 Process 中的模型 4 依次检验回归系数 c、a、b、ab 以及 c'，并且计算中介效应量的大小，结果见表 9.71、图 9.12。

表 9.71　创新精神在教师多元教学方式与创业动机间中介效应依次分析表

路径	总效应	直接效应	中介效应	t 值	95% LLCI	95% ULCI
教师多元教学方式 $X\to$ 创业动机 $Y(c)$	0.366 0			7.793 3***	0.273 8	0.458 2
教师多元教学方式 $X\to$ 创新精神 $M(a)$		0.222 6		5.783 4***	0.147 0	0.298 2
创新精神 $M\to$ 创业动机 $Y(b)$		0.305 7		6.661 1***	0.215 6	0.395 9
教师多元教学方式 $X\to$ 创业动机 $Y(c')$		0.297 9		6.388 9***	0.206 4	0.389 5
教师多元教学方式 $X\to$ 创新精神 $M\to$ 创业动机 $Y(ab)$			0.068 1		0.037 1	0.103 7
效应量（ab/c）	18.61%					

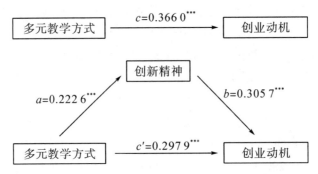

图 9.12　创新精神在教师多元教学方式与创业动机间的中介效应模型

通过温忠麟等人提出的新的中介效应检验流程，由表 9.71 可知：首先，检验得到教师多元教学方式对创业动机的总效应系数 c 是显著的，所以按中介效应立论；其次，依次检验得到系数 a（教师多元教学方式作用于创新精神）与 b（创新精神作用于创业动机）均显著，说明间接效应显著；最后，检验得到教师多元教学方式对创业动机的直接效应 c' 仍然显著，而且 ab 与 c' 同号，则说明创新精神在教师多元教学方式与创业动机间的起部分中介效应，中介效应大小为 18.61%。根据方杰等人提出对系数乘积 ab 的检验，本书进一步利用 Bootstrap 法检验创新精神的中介效应，分析结果得到直接效应 c' 的 95% CI 为（0.206 4，0.389 5），间接效应 ab 的 95% CI 为（0.037 1，0.103 7），直接效应和间接效应的区间都不包括 0，说明两条路径的效应都是显著的。因此使用 Bootstrap 法检验结果表明，创新精神在教师多元教学方式与创业动机间的中介效应是显著的。

（四）教师多元教学方式对大学生创业意识的影响：创新精神和创业动机链式中介效应

前面的分析结果符合进一步对创新精神和创业动机在教师多元教学方式与大学生创业意识之间起链式中介作用进行检验的统计学要求。接下来使用 Hayes（2013）编制的 SPSS 宏程序，执行基于 Bootstrap 分析的中介效应检验，并选用专门进行链式中介模型检验的模型 6 进行分析。中介效应的检验结果见表 9.72 和图 9.13。

表9.72　创新精神和创业动机在教师多元教学方式和大学生创业意识间的链式中介模型分析

回归方程		整体拟合指数			回归系数显著性	
结果变量	预测变量	R	R^2	F	Beta (β)	t
创业意识		0.276 8	0.076 6	54.998 4***		
	教师多元教学方式				0.322 8	7.416 1***
创新精神		0.219 1	0.048 0	33.447 7***		
	教师多元教学方式				0.222 6	5.784 3***
创业动机		0.376 1	0.141 5	54.539 7***		
	教师多元教学方式				0.297 9	6.388 9***
	创新精神				0.305 7	6.661 1***
创业意识		0.670 2	0.449 1	179.635 2***		
	教师多元教学方式				0.091 7	2.578 4*
	创新精神				0.128 2	3.653 6***
	创业动机				0.553 6	19.243 8***

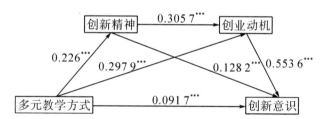

图9.13　大学生创新精神和创业动机在教师多元教学方式和创业意识间的链式中介效应

表9.72表明：首先，总效应显著，即教师多元教学方式能单独显著正向预测大学生的创业意识（$\beta = 0.322\,8$，$p < 0.001$）。其次，将创新精神和创业动机纳入回归方程进行链式中介作用分析后，教师多元教学方式能显著正向预测创新精神（$\beta = 0.222\,6$，$p < 0.001$）和创业动机（$\beta = 0.297\,9$，$p < 0.001$）。最后，创新精神可以显著正向预测大学生的创业动机（$\beta = 0.305\,7$，$p < 0.001$）和创业意识（$\beta = 0.128\,2$，$p < 0.001$），创业动机能显著正向预测创业意识（$\beta = 0.553\,6$，$p < 0.001$），而在链式中介效应模型中直接效应仍然显著，即此时的中介效应模型中，教师多元教学方

式仍然能显著预测大学生的创业意识（$\beta = 0.0917$，$p < 0.05$），即教师多元教学方式对大学生创业意识的影响，主要是先通过影响其创新精神和创业动机后，再来间接影响创业意识水平的。中介效应的 Bootstrap 路径分析结果见表 9.73。

表 9.73　标准化效应值和 95% 置信区间

路径	效应值	效应占比/%	95% 下限	95% 上限
教师多元教学方式→创业意识（总效应）	0.3228		0.2374	0.4083
教师多元教学方式→创业意识（直接效应）	0.0917	28.41	0.0219	0.1615
教师多元教学方式→创业意识（总的间接效应）	0.2311	71.59	0.1519	0.3118
路径 1：教师多元教学方式→创新精神→创业意识	0.0285	8.82	0.0093	0.0502
路径 2：教师多元教学方式→创业动机→创业意识	0.1649	51.08	0.0899	0.2436
路径 3：教师多元教学方式→创新精神→创业动机→创业意识	0.0377	11.68	0.0203	0.0595

表 9.73 表明：大学生创新精神和创业动机在教师多元教学方式与创业意识间起着非常显著的中介作用，总的中介效应值的大小为 0.2311，占总效应大小的 71.59%，中介效应具体由三条路径产生的间接效应组成。路径 1：教师多元教学方式→创新精神→创业意识，效应值大小为 0.0285，间接效应占总效应的比值大小为 8.82%。路径 2：教师多元教学方式→创业动机→创业意识，效应值大小为 0.1649，间接效应占总效应的比值大小为 51.08%。路径 3：教师多元教学方式→创新精神→创业动机→创业意识，效应值大小为 0.0377，间接效应占总效应的比值大小为 11.68%。并且，以上路径间接效应的 95% 置信区间均不包含 0，表明三条间接效应路径均达到显著水平。

六、小结与讨论

本书通过深入探讨影响机制模型，分析得到大学生的创新精神各方面能显著影响其创业动机和创业意识，同时创业动机在大学生的创新精神与创业意识之间起到显著的中介作用。在从个体与环境的角度深入探讨后，得出创新精神与创业动机均在核心自我评价与创业意识之间、人格特质与创业意识之间、父母教养方式与创业意识之间、教师多元教学方式与创业意识之间起到显著的中介效应的结论。研究结果说明，创新精神是各种主体客体因素与大学生创业意识之间关系的桥梁，因此从各个角度对大学生创新精神的培养是提高其创业动机、创业意识的重要基础与前提，大学生创新精神的发展与其创业意识的形成有着非常密切的关系，创新与创业是分不开的。

戴仁卿和张晓蕾（2016）认为，其一，创新是创业的动力源泉，创业是创新的价值体现。创新与创业之间的关系，是近年来学界重点关注的一个问题。"创业的本质是创新""创新是创业的灵魂"（本质论）等观点受到普遍认同。毋庸置疑，这些观点有其合理性，但很多学者往往对创新与创业的关系产生了一些"僵硬"的看法，得出"没有创新就没有创业"（前提论）的结论，更有甚者将"创新＝发明创造"，将创新狭义地理解为技术创造，将创新与模仿完全对立起来，这些观念容易束缚创业者的手脚，不利于创业的开展。因此，无论是"本质论"还是"前提论"，都不能准确描述创新与创业之间的关系。创新不是创业的前提，也不是创业的本质，创业不一定要靠创新，创新只是创业的内因要素，创业是创新的价值体现，是创业的动力源泉。其二，创造是创新的内在实质，创新是创造的量变延续。创造和创新都是人类的本质属性，创造和创新的主体相同，但二者又有本质上的不同。首先，创造是一个从无到有的过程，创新则是在创造基础上的进一步发展，是对原有事物"从有到好"的改进和"从有到用"的延伸。其次，就发展的深度和时间维度而言，创造相对短暂浅薄，创新则相对长远深厚。最后，创造是为了人类普遍生存需要而产生的行为，创新则存在于竞争型社会中，其产生与发展依赖于创造。其三，创造力是创新、创造和创业者素养的综合体现。创造和创新都是人类的本质属性，二者主体相同，即创新、创造的主体都是人。不过，能成为创新、创造，甚至是创业的主体，必然有其他个体所不具有的能力，笔者称之为"创造力"，创造力是创业者个体综合素养的体现，包括机会发现能力、应变能力、价值创造能力和问题解决能力等。

王洪才（2022）认为创新能力就是从新角度认识事物的能力，这是一种超越传统认识方式的能力。如果一个人善于从多角度、多方面思考问题，就说明这个人的创新潜力大。如果一个人始终不能跳出传统的思维框框，因循守旧，那么这个人的创新潜力就弱。创新潜力大的人敢于从新角度来审视自我。一个人一旦形成了固定想法，就会不自觉地向这种固定想法趋同，不敢打破这种固定的认识，也意识不到这种认识的局限，但如果他善于反思的话，就会很快地发现这种认识的不足。超越自我，说到底就是发现了新的自我，即发现了自己新的发展可能性。创新人格的理念在古代就有，《论语·子罕》中的"四勿"说就包含了创新理念：勿意、勿必、勿固、勿我。创业能力是一个人敢于把自己想法付诸行动的能力，说到底就是一种实践能力。一个人经常会有一些新想法，但并不会去行动，因为行动就意味着要改变自己传统的做法，克服自己对传统做法的依赖，这种行为习惯的改变对自己而言确实挑战非常大。这说明，创业能力本质就是自我实现的能力。创新为自我找到了新的发展方向，而创业使人格发展走向完善，这实质上是一个成就自我的过程。一个人之所以具有强大的创新创业动力，就是因为他发现了自己的成长方向，找到了自己的发展前景，并愿意付诸行动。创业过程其实也是一个实现自己理想的过程。一个人发现自己的发展方向是在不断试错过程中完成的，其间他要不断接受挑战，内心也会经历许多挣扎，这是一个战胜自我的过程，即战胜自己懦弱的一面，强化坚毅的一面，使自己的信心更强。可见，创新创业过程是一个不断建构自我的过程，也是一个不断实现自我、主动发展的过程。

第十章 提高大学生创新创业意识的教育对策探讨

高校创新创业教育是以培养创新型人才、创业型人才为目标，以培养学生的创新创业意识、创新创业能力为主的教育活动。高校应该发动师生充分认识开展创业教育的意义。高校开展创新创业教育活动应该成为学校教学、管理、服务人员共同的任务，在全员教育的氛围下，使全校教职工都能正确认识创新创业教育的意义，发挥其教育积极性和主动性。在教育活动中，要重视对学生进行创新创业精神和创新创业意识的培养，帮助大学生塑造创新创业人格，提升自己创新创业的内驱力。

一、高校创新创业教育存在的不足

创新创业教育以培养具有基本创业素质和创业人格的人才为目标，旨在培养学生的创新精神和创业意识，最终缓解当今严峻的就业环境，以创业带动就业，解决就业难的问题。创新创业，也是对已经创业和成功创业人员的创新思维和创新能力的培养，使这些群体始终有创业动力和创新意识；让这些群体不断进步，引领经济发展，带动新兴产业的发展。目前，虽然大部分高校都开展了创新创业教育，但创新创业教育体系还不完善，还存在许多突出问题，如缺乏专业教师指导、课程设计不合理、课堂不能吸引学生的注意力等等。高校创新创业教育包含三个核心要素，其中之一是知识的内化。在创新创业教育中，我们不仅要注重学生对知识的内化，还要注重学生对所学知识的吸收和应用。因为知识的内化只是一个基础，将知识应用到创新创业中才是真正的掌握和吸收。然而，高校的大学生往往能够掌握知识，却不能有效地输出知识，高校没有形成浓厚的创新创业氛围，导致学生在学习与实践之间存在差距（Wang Y, 2022）。

此外，创新创业教育还面临很多困难。受传统教育的影响，大学生大多只关注自己的专业知识，没有形成正确的创新创业观念。大学生毕业后更倾向于找一份简单、薪酬可观的工作，这种偏差使得大学生自身的创业意识相对薄弱。另外，很多普通大学生还没有形成正确的自主创业发展理念，主要表现为缺乏自主创业的基础知识，对自主创业的各种机会缺乏了解和把握能力。学生对创新创业的概念认识不全面，认为只有需要创业的人才需要接受创新创业教育，因而高校尚未建立成熟的创新创业教育模式。大多数高校主要是根据自身对创新创业教学理念的理解，以及自身的情况和要求开展创新创业教学的，这也导致各高校的创新创业教学方法单一，教学不系统，随机性较大，教育质量和水平参差不齐。然而，这样的创新创业教育模式难以培养出高素质的创新创业人才。

二、提高大学生创新创业意识的对策分析

（一）培养创新创造思维与创新能力

创造性思维是逻辑思维与非逻辑思维、发散思维与集中思维、组合思维与分解思维、同源思维与发散思维、潜意识思维与意识思维的有机互补，在创造性活动中发挥着非常重要的作用。在实践中，跨专业独立团队很好地解决了大学生技能互补、团队合作的参与问题，为培养大学生创新思维奠定了良好的基础。然而，大学生的创新思维和技术创新能力目前仍相对较差，因此，在创新思维和技术创新能力方面，还需要教师的及时指导和不断培养。良好的创新意识是技术创新的动力，是激发持续创新的源泉，是评价大学生创新思维培养成功与否的关键指标。

对于创新能力的培养，一方面需要培养大学生的创新意识，激发大学生的创新行为；另一方面也要科学地引导大学生形成良好的创新思维，提高大学生的创新能力。在培养大学生创新思维方面，我们可以定期进行创新思维训练，提高大学生对技术创新模式和规律的认识，同时，可以鼓励大学生解放思想，打破专业和思维的限制，充分发挥大学生的主观能动性。例如，同学可通过跨专业进行头脑风暴，实现不同专业知识应用的融合，以创新的技术和方法解决大数据竞争中的实际问题。首先，大学生应该树立无止境的学习意识。创新和创造来自丰富的知识和浓厚的兴趣。创

新意识属于人格结构的现实态度范畴。它的特点是积极思考、没有标准、创造力和批评，以及从外部世界脱颖而出、独特的精神和追求的勇气。在学习和实践的过程中，大学生不应该仅停留于对现状的满足，而应该保持对新的知识和领域的渴望和对学习的浓厚兴趣，阅读和练习是最好的学习方法。其次，大学生应该建立自信并敢于质疑。伟大的诗人但丁说："能够使我飘浮于人生的泥沼中而不致陷污的，是我的信心。"毛泽东同志曾在《七古·残句》中写道："自信人生二百年，会当水击三千里。"大学生应该充满自信心、坚定自己的信念，认真对待当下，并对未来充满期待。在学习中，大学生有必要相信自己的判断和能力，敢于质疑，并在处理问题的过程中培养自己的创新意识。

（二）多角度激发大学生的创业意识

首先，高校应该从培养学生积极的创业行为态度、增强学生创业的主观规范感知力、提升学生创业知觉的行为控制力等创业意识的三个层面入手来提出提升大学生创业意识的对策和建议（林叶，2014）。例如，培养学生的创新创业精神，强化学生积极开放的创业观、提升学生的创业素质；注重创业心理学、成功学等课程的开发，从行业中吸取优秀人才打造高素质创新创业教育师资队伍，重视校园创业合作平台建设并强化实践活动中有关创业团队的合作；构建适合学生创业需求的创业教育组织机构，加强宣传创业成功的案例，从而增加学生对创业成功的暗示；大学生自己也要通过主动创业来满足马斯洛需要层次理论中自我实现的需求，以此提高自身的成就动机。其次，高校要不断充实和提高创业培训课程的内容与质量；鼓励和深入指导大学生参与各级各类大学生创新创业训练计划项目、"互联网+"大学生创新创业大赛以及各种横向的政府项目等，让大学生能在各种实践训练中体验创业的激情与成就，从而激发他们的创业意愿；成立创新创业主题学生社团，通过模拟真实的创业环境来充分感受创业行为的成功与失败。同时，也要在各种锻炼中帮助大学生形成合理的归因机制，关注不同专业大学生的就业焦虑等心理健康问题，不断提高大学生的核心自我评价，进而提高更多的创业意识。最后，高校也要从不同专业、不同性别和不同年级等具体群体特征来提出提高大学生创业意识的多样化培养策略。

（三）发挥创业榜样的激励作用

首先，高校应在创业教育中重视发挥创业榜样的作用，加强宣传引导，积极挖掘、选树和宣传社会各界的创业榜样，选树大学生创新创业成功典型，建立大学生与创业榜样之间的良好沟通机制，支持和鼓励大学生创业者向创业榜样学习，引导大学生在创业之路上少走弯路，为更好地创业奠定基础。其次，政府和高校要采取多种措施激发大学生的创业激情，将创新创业教育贯穿人才培养全过程，把创业教育同专业教育、学术活动和科研训练等结合起来，培育创客文化，营造"鼓励创业、宽容失败"的文化氛围。大学生创业者也要积极向创业榜样学习，锤炼创业技能，增强挑战创业困难和挫折的自信心，注重培养和强化创业激情。最后，政府和高校要在创业教育中强化对学生主动性人格的培养，开展主动性人格测试，分层次、有针对性地开展创业教育；组织双创导师深入校园举办创业大讲堂，进行创业政策解读、经验分享和实践指导等，提高学生的主动意识。政府和高校要多关注具有高水平主动性人格特质的大学生创业者，引导其积极参加"国际'互联网＋'大学生创新创业大赛"，提升其创新创业能力，以便将来把创业倾向转化为创业实践（陈从军、杨瑾，2022）。创业本身就不是一件容易的事，需要创业者自身能力、环境、条件等多方面的协调发展。一方面是学生的自主学习能力，"工欲善其事必先利其器"，扎实的文化功底可以为创业打下坚实的基础；另一方面是学生的心理素质和体能素质，很多学生有创业意识、创新精神，但是并没有付出行动，总担心自己不能承受失败的后果，最终也不了了之了。因此，大学生应当积极学习、善于学习，并做到学以致用。

（四）加快调整人才培养方案与构建新型人才培养模式

培养创新创业型人才，要求高校能把握创新创业型人才成长的规律，调整人才培养方案，实现人才培养的转型，从而适应社会发展对人才的需求。在人才培养方案调整中应该坚持四条原则：一是强化实践，突出实践教学；二是注重基础，先基础后专业；三是因材施教，尊重个性需求；四是知行并重，提升综合素质。高校调整人才培养方案还应该在明确创新创业型人才的培养目标、优化创新创业课程设置、改革课程教学方法、加强专业技能培养、开展创新创业训练等方面下功夫（李明建，2014）。同时，要引导学生抓住大数据时代所带来的创业机会，要从基础层面开展专业课程创新模块建设，完善该领域选修模块创新课程建设，从创业、创新、思维、复合知识四个维度开展学生互联思维综合课程模块建设。保证有社会经验的学生了解大数据在线模式和世界伦理社会化的基本历史背景，在课程模块中建立求真、开放、平等、协作、共享的互联网思维。在专业教育中，要从知识的深度入手，注重核心思想的构建，从内容和教学方法两个因素建立创新要求，注重学科前沿、社会热点、跨学科知识与专业知识的互动。建立"创新、创造、创业"课程平台，进行整合统一的规划建设，从理论和实践两个模块开展面向需求的模拟课程建设和实践课程实施。在专业课程的基础上，建立配套选修课，注重课程的配套、连贯、设计、创新；在课程学习中保持师生之间的良好互动和沟通。

（五）拓展实践教育载体，提供更多锻炼机会

大学生创业意识淡薄与社会经验的缺乏密切相关。为了培养和提高学生的创新创业意识与能力，需要各高校为学生提供更多的实践平台，帮助学生参与创新创业实践，促进学生创新创业的发展。高校可结合专业培养目标和发展方向，建立与专业相关的科研和实践社团。可见，推动创新创业实践是高校培养创新创业型人才的关键环节。高校应采取教学中加大创新创业训练计划、争取政府和企业支持、推动产学研结合等措施来驱动创新创业实践，如增加实习、实训、实验等实践活动来加强创新创业技能训练，并把创新创业技能训练贯穿于专业教学过程中。实验课程应该适当减少验证性的实验项目，增加综合性、设计性的实验项目。在加强创新创业训练问题上，可通过设立大学生实践创新与创业训练项目鼓励大学生参与进来。

社会实践是学校根据大学教育培养的目标，利用学生的假期等业余时间，让大学生有计划、有目的、有组织地参与社会、政治、经济和文化生活的一种体验性教学活动。它是课堂教学的有益补充，对学校培养人才起着至关重要的作用。要丰富大学生的实践活动，可以从多方面努力。例如，每年寒暑假的社会实践活动，可以组织广泛的校园外活动，使不同年级、不同专业的学生走出教室，走进社会。让学生利用长假接触社会，了解社会动态，多做社会调查，接触实际生活，掌握一手资料，为今后的学习生活打下实践基础。此外，学校还可以联合企事业单位，让学生利用假

期进入企业。他们可以通过感受企业氛围、了解企业运作、参与企业管理、为企业发展出谋献策等方式融入企业。一方面，他们可以检验自己所学的理论；另一方面，他们可以在实践中发现自己的不足。大学生可以在这样的实践活动中提高自己的就业创业竞争力。

在实际工作中，我们要把握时代脉搏，深刻理解社会实践的内涵和规律。社会实践活动只有与国际国内形势相结合，与时代主题相结合，围绕学校教育方针和中心工作，客观反映青年学生成长的内在需求，创造性地开辟新途径，才能赋予社会实践活动新的活力，才能充分发挥其不可替代的教育功能。同时，我们还要加强对社会实践基地建设，引导社会实践活动的长期、本土化发展。在巩固原有基地的同时，积极鼓励高校根据学科优势开辟新的社会实践基地，这不仅直接关系到社会实践活动能否引导到长远的定位发展，而且为大学生提高创新能力、培养创新人才创造了不可或缺的条件。

（六） 创造良好的创新创业氛围

良好的创新创业文化环境是提高学生创新创业能力的外部动力，是创新创业教育持续成功的基本保障。学校可以通过报纸、广播、校园网等多种形式，积极宣传国家和地方的政策或措施，达到促进创业的目的。高校也可以通过校园网、宣传板、微博等平台，大力宣传创新创业或师生创新创业相关的成果，充分打造校园创新创业环境。鼓励学生参加各类学术讲座和学术报告，组织学生参观成功企业，开阔学生的视野，调动学生创新创业的积极性。此外，学校还可以建立一套鼓励大学生创新创业的规章制度，如表彰、奖励等。

创新创业的激情与兴趣需要激发和培养，高校营造创新创业氛围是培养创新创业型人才实践的首要任务。在浓厚的创新创业氛围中，青年大学生能够主动或被动地科学规划自己的人生，从而逐渐形成赶超意识、创新意识、突破意识。高校在营造创新创业氛围的同时，还要让学生明白让自己成为创新创业型人才是经济社会发展的必然要求，是加快建设创新型国家，全面深化高等教育改革的必然要求。高校创新创业氛围的形成要依赖学校的优良校风、教风、学风影响学生，把创新创业观念内化为学生的价值理念，促进学生产生创新创业活动的欲望和信念。"高校的创新氛围，实质上是高校的文化形态的外在表现，通常以教风、学风、考风、管理作风等多种形式影响其中的每一个成员，进而构成独特的价值层面的内化力量。"

同时，学校可以组织各种专业之间的学术活动，帮助学生打破专业之间的障碍，扩大友谊，拓宽知识。此外，学校还可以在创客空间等产业园区内设立创业园区，培养一批具有创新理念和发展潜力的创业团队，并为创业团队安排工作场所，建立可循环利用的资金支持体系，与市场环境形成创业基地。此外，学校应该充分利用各种潜在的教育资源，与校外企业合作，为学生提供更多的实践机会。通过校企合作，实现校企无缝对接，让大学生走出教室，走出学校，真正参与培训实践，达到帮助学生梳理专业知识，提高专业能力，丰富实践经验的目的。同时，学生可以通过该平台获取企业提供的相关信息，让学生对企业的需求以及社会经济状况有一定的了解，为今后的创业实践做准备。

（七）建设创新创业导师团队

高校人才培养的质量和成就价值在很大程度上取决于教师，学生创新创业能力的培养更离不开高素质的教师。因此，有必要加强创新创业教育的师资队伍建设。首先，要加强对学校教师的专业培训，支持教师的临时就业培训，鼓励教师参与行业、企业、科研院所的创新创业实践。同时，创业导师团队不应局限于单一学科，要建立一个多学科的创新创业导师团队，让这些导师相辅相成，为学生提供全方位的指导。其次，还需要加强导师团队与外界的学习、交流与合作。鼓励教师开展创新创业培训或研究，走访更多的创业培训基地和孵化器，弥补实践教学经验的不足，形成较为完善的梯级创新创业指导体系。最后，创新创业导师不仅限于学校教师，还包括企业家、风险投资家、政府人员、成功企业家以及各行各业的兼职教师，以扩大创新创业教育的教学团队。通过校外专家的定期授课和指导，真正将创业实践中的相关经验传授给学生；帮助学生将理论知识转化为实践。专家还需要深入探索，了解学生的想法，根据实际情况帮助他们解决创新创业道路上的各种问题，真正帮助学生更好的成长。

（八）加强创新创业课程建设

课程建设是教育取得良好效果的重要前提。课程设置的合理性对学生的知识积累和实践发展起着至关重要的作用。创新创业教育要有效融入专业教育，可建立多层次、立体化的创新创业教育课程体系，将专业学科与基础学科相结合，形成各学科的培养模式。一方面，开设与创业相关的基础课程，让学生了解创业的现状、政策、人才的必要心理素质、未来可能遇到的困难。将政策引导等基础知识纳入教材，制定权威统一的"双创"教育教材。"大众创业、万众创新"在不同教育阶段的课程设置要分层次，对专业能力的重视程度要有所不同。另一方面，要以培养学生的创新意识和创业能力为核心，对学生的创业理论和创业实践进行指导、教育和培养。教学必须激发学生的创造性兴趣，打破固定的思维模式，培养多元思维。只有当学生有求知欲时，才能激发他们的创造能力。例如，可以通过讨论与专业相关的重要案例来吸引学生的注意力，引导学生走出"互不隐瞒"的窠臼，激发学生的想象力。此外，无论是校内还是校外的导师，都应该改变传统的教学模式。传统的教学模式是以教师为主体，学生被动接受知识灌输。这就直接导致了高校课堂的沉默现象，这种现象不利于学生自主学习的发展，也不利于创新思维的培养。以学生为中心的教学要求师生互动，通过形成提问和探究的习惯来培养学生的创新思维能力。

（九）加强教师创新创业教育教学能力建设

高校要明确全体教师在创新创业教育中的责任，完善专业技术岗位评价和绩效评价标准，加强创新创业教育评价工作。各高校可配备一支强大的创新创业教育和就业创业指导教师队伍，并建立定期考核淘汰制度；还可聘请各行各业的知名科学家、企业家、创投等人才，担任部分专业课程、创新创业教学的指导教师，开展兼职教师管理实践，最终形成全国创新创业教育优秀人才库。提高高校教师创新创业教育意识和能力是职前培训和课程轮岗培训的重要内容，各高校应鼓励创新创业教育的相关专业教师和专任教师到行业和企业去工作。

（十）加强创业风险教育，提高学生防范风险的能力

有了预测能力，就能把握市场发展变化规律，有效把握未来趋势。对于大学生和创业者来说，做出科学的市场预测，使企业能够按照事物的发展规律行事，既减少了经营活动中的盲目性，又降低了经营风险，从而提高自身的适应能力和竞争力。大学生在选择项目时必须谨慎。第一，大学生在选择创业项目时一定要考虑市场需求，根据市场缺口和缺口的大小进

行选择，这样可以有效地避免创业者的产品或服务不符合市场需求。第二，利用政府、金融机构和相关企业选择创业项目。第三，综合各方面的技术选择自己熟悉、精通、有竞争力的创业项目。

创新可以预见竞争风险，甚至化解竞争风险。创业是一个创新的过程，在这个过程中，一个新的产品或服务机会被确认和创造，最终开发出产品的新财富。可见，创新是创业的本质。大学生要想作为企业家，应该将创新理念融入新产品的开发，融入新流程的管理，融入新市场的开发，从而创造新的价值或财富，促进企业的成长和发展。创新可以是新产品的推出，可以是使用一种新的生产方法，也可以是开辟一个新的市场，还可以是获得一种新的原材料。总之，只要不忘创新，能够不断推动价值创新，就可以将潜在的竞争风险化解在萌芽状态。

（十一）加强团队精神教育，提高学生的合作创造能力

无论是企业还是学校，都需要进行团队合作，依靠合作的力量不断发展。大学生创业在近几年就业问题严峻的前提下显得尤为重要，做好高校大学生创业团队建设不仅能够在一定程度上解决大学生就业问题，也能够促进大学生的全面发展，为社会培养出更多全面型人才，进而为地方发展带来新的机遇，为地方经济注入新的血液。

一方面，在实践中以团队形式开展创新活动更容易碰撞出创新灵感，这有利于高水平成果产出，符合当前科学研究所强调多学科交叉、π 型人才的总体趋势；另一方面，团队式培养有利于创新创业人才的规模化、规范化培养，在团队模式下可以充分培养学生的综合协作能力（李平 等，2022）。

一个好的创业团队是商业成功的关键，而团队的团结高效是企业成功和发展的关键。营造良好的团队氛围有助于建立团队成员之间的平等关系。始终如一的氛围和强烈的团队凝聚力是提高团队合作的关键因素之一。大学生创业团队应该有明确的共同发展目标、实现理想目标所需的技能、成员之间的相互信任和相互支持。

丁涵（2020）提出高校大学生创业团队建设存在建设缺乏引导、组织缺乏稳定性、组织制度不完善、可持续发展意识不强等问题，同时建议应该从建立健全的创业团队培训课程、建立组织结构完善的大学生创业团队、引导创业团队建立完善的管理制度、加强创业团队的可持续发展理念等方面来提升大学生创业团队的建设。

（十二）加强互联网理性创业思维教育

高校教师应在鼓励学生理性对待创业的前提下，通过各种成功的创业案例以及每个案例之间的共性联系，帮助学生分析互联网创新创业环境。提高学生的互联网能力和市场能力，不仅需要强大的理论支持，还需要培养学生强大的心理素质。因此，高校必须加强对学生互联网创新创业理论的培养，特别是对"营销"和"网络营销"等课程的渗透，只有重视管理和营销理论，才能与实践相结合，培养学生的创造性思维。高校可以整合学科竞赛、研究性学习、研究性实验、学术理论讨论、实训基地、创业培训、学习成果、创业设计等方式，利用群体合作机制延伸创新创业成功点。

参考文献

曹慧，张建新，2007. 中国人格评定量表（CPAI-2）简式量表修订 ［C］. 第十一届全国心理学学术会议论文摘要集.

曾晖，杨新华，2013. 大学生创造力倾向及其影响因素的研究 ［J］. 集美大学学报（教育科学版），14（2）：30-34.

曾照英，王重鸣，2009. 关于我国创业者创业动机的调查分析 ［J］. 科技管理研究，29（9）：285-287.

陈从军，杨瑾，2022. 创业榜样对大学生创业倾向的影响研究：基于主动性人格的调节效应 ［J］. 北京航空航天大学学报（社会科学版），35（4）：111-117.

陈慧，2012. 童年经历对创业企业领导风格影响分析：基于教育心理学的视角 ［J］. 中国教育学刊，（12）：36-39.

陈永进，黄铎，支愧云，等，2012. 中学生校园暴力与大五人格的关系研究 ［J］. 教育测量与评价，50（4）：49-53.

陈昱，王有忠，赵婧婷，等，2014. 高中生创造力倾向与学校环境及父母教养方式的关系研究 ［J］. 产业与科技论坛，13（13）：126-127.

崔健，尚海洋，2020. 人力资源管理理论嵌入高校创新创业教育的内在逻辑与实现路径 ［J］. 黑龙江高教研究，38（6）：122-125.

崔梦舒，张向葵，2016. 父、母亲学历及教养方式对学前儿童创造力的影响 ［J］. 陕西学前师范学院学报，32（7）：46-49，53.

戴仁卿，张晓蕾，2016. 高校创新创业者人格素养提升困境及培养路径 ［J］. 教育与职业（15）：115-117.

戴晓阳，2010. 常用心理评估量表手册 ［L］. 北京：人民军医出版社：249-251.

单梦肖，高岩，李文福，等，2019. 父母教养方式对创造性思维的影响：性别的调节作用 [J]. 中国健康心理学杂志，27 (9)：1430-1435.

邓晓，李洋，2021. 感知的环境动态性与创业团队创新：基于团队成员的不确定性降低动机 [J]. 海南大学学报（人文社会科学版），39 (3)：89-98.

董增云，2010. 大学生人格特征、社会支持与学校适应的关系 [J]. 中国临床心理学杂志，18 (5)：642-644.

杜建政，张翔，赵燕，2012. 核心自我评价的结构验证及其量表修订 [J]. 心理研究，5 (3)：54-60.

段锦云，王朋，朱月龙，2012. 创业动机研究：概念结构、影响因素和理论模型 [J]. 心理科学进展，20 (5)：698-704.

段肖阳，2022. 论创新创业能力模型与评价指标体系构建 [J]. 教育发展研究，42 (1)：60-67.

甘秋玲，白新文，刘坚，等，2020. 创新素养：21 世纪核心素养 5C 模型之三 [J]. 华东师范大学学报（教育科学版），38 (2)：57-70.

高日光，孙健敏，周备，2009. 中国大学生创业动机的模型建构与测量研究 [J]. 中国人口科学 (1)：68-75, 112.

谷传华，陈会昌，许晶晶，2003. 中国近现代社会创造性人物早期的家庭环境与父母教养方式 [J]. 心理发展与教育 (4)：17-22.

谷传华，周宗奎，2008. 小学儿童社会创造性倾向与父母养育方式的关系 [J]. 心理发展与教育 (2)：34-38.

顾寿全，奚晓岚，程灶火，等，2014. 大学生大五人格与心理健康的关系 [J]. 中国临床心理学杂志，22 (2)：354-356.

顾学勤，刘静，代敏敏，等，2018. 基于高校"大学生创新创业"的现状及思考 [J]. 管理观察 (31)：136-137.

郭必裕，沈世德，2002. 对普通工科院校大学生创业的调查分析 [J]. 南通工学院学报（社会科学版）(3)：71-75.

郝春东，韩锐，孙烨，2014. 外显自尊、内隐自尊与大学生创业意识的关系研究 [J]. 心理研究，7 (1)：85-90.

胡贝贝，张秀峰，杨斌，2020. 创新型创业人才的基础素质与专业能力研究 [J]. 科学学研究，38 (12)：2228-2235, 2245.

胡春鲜，2018. 父母教养方式对大学生创造力的影响：人格类型的调节作用［J］. 高教论坛，（1）：90-95.

胡菁，2018. 大学生创业意向影响因子研究［D］. 南昌：南昌大学.

胡卫平，2010. 中小学生创造力发展的课堂教学影响因素［J］. 教育理论与实践，30（22）：46-49.

胡紫薇，欧益枝，2020. 家庭文化因素对创新型人才培养的影响研究：基于对诺奖获得者访谈中"家风"的启示［J］. 文化创新比较研究，4（2）：12-14.

扈中平，刘朝晖，2001. 多元性教学理念与创新素质的培养［J］. 教育研究（7）：20-24.

黄敬宝，2020. 中关村青年创业者的素质构成与培养［J］. 科学学研究，38（2）：306-312.

黄婷婷，2014. 大学生创业动机及其与主动性人格的关系研究［D］. 重庆：重庆师范大学.

蒋慧鸯，2017. 高中阶段基于多元智能的创造力开发路径与对策研究［D］. 杭州：浙江大学.

蒋奖，鲁峥嵘，蒋苾菁，等，2010. 简式父母教养方式问卷中文版的初步修订［J］. 心理发展与教育，26（1）：94-99.

蒋昀洁，李燕丽，2018. 核心自我评价和情绪智能对大学生创业潜能的作用机制［J］. 软科学，32（11）：97-100.

解蕴慧，张一弛，高萌萌，2013. 谁会成为创业者？主动性人格及社会资本对创业意愿的影响［J］. 南京大学学报（哲学·人文科学·社会科学版），50（2）：148-156.

靳卫东，刘敬富，何丽，2018. 创新创业的心理动因：理论机制与经验证据［J］. 上海财经大学学报，20（6）：44-62.

寇冬泉，2018. 幼儿创造性人格与父母教养方式的交叉滞后研究［J］. 苏州大学学报（教育科学版），6（4）：85-92.

兰继军，李苗，韦晓，等，2019. 父母教养方式与小学生创造力的关系：学习适应性的中介作用［J］. 贵州师范学院学报，35（5）：79-84.

黎建斌，聂衍刚，司徒巧敏，等，2012. 大学生核心自我评价对生活满意度的影响：水平和稳定性的作用［J］. 心理与行为研究，10（5）：389-394.

黎建斌，聂衍刚，2010. 核心自我评价研究的反思与展望［J］. 心理科学进展，18（12）：1848-1857.

李贵安，陈秋丽，刘耿，等，2014. 创造性问题提出能力的影响因素的实证研究：以高中物理课堂为例 [J]. 上海教育科研（7）：41-44.

李建全，李琦，2014. 父母教养类型与青少年创造力的关系 [J]. 青少年研究（山东省团校学报）（2）：26-29.

李晋，侯红梅，李晏墅，2018. 科技型创业者自恋人格与团队创新绩效的非线性关系研究：基于孵化期公司创业愿景的视角 [J]. 经济管理，40（4）：69-83.

李娟，2007. 贵阳市大学生创业动机及其影响因素研究 [D]. 贵阳：贵州师范大学.

李明建，2014. 创新创业型人才的人格特征及其培养 [J]. 中国高校科技（8）：90-91.

李文福，王苗苗，徐芳芳，等，2017. 父母教养方式对创造性倾向的影响：人格的中介作用 [J]. 心理学探新，37（6）：537-542.

李文福，张婉莹，焦国硕，等，2019. 父母教养方式对医学生创造性的影响：正念的中介作用 [J]. 医学教育研究与实践，27（5）：811-816.

梁昊，李锡元，舒熳，2019. 资质过剩对员工创新行为的影响：一个跨层的调节模型 [J]. 软科学，33（2）：122-125.

梁明辉，易凌峰，2016. 核心自我评价对大学生两种创业意向的预测作用 [J]. 应用心理学，22（4）：325-333.

林崇德，2018. 创造性心理学 [M]. 北京：北京师范大学出版社.

林叶，2014. 大学生创业意识现状调查研究 [D]. 北京：中国计量学院.

林颐宣，2020. 主动性人格对小学教师工作满意度的影响：一个有调节的中介模型 [J]. 心理发展与教育，36（1）：103-112.

刘彩谊，张惠敏，张莲，等，2013. 父母养育方式对中学生创造力倾向和自我效能感的影响 [J]. 中国健康心理学杂志，21（4）：589-591.

刘栋，叶宝娟，郭少阳，等，2016. 主动性人格对大学生创业意向的影响：感知创业价值的中介作用 [J]. 中国临床心理学杂志，24（5）：946-949.

刘红，王洪礼，2011. 少数民族大学生创新精神培养现状调查与思考 [J]. 教育研究，32（11）：82-88.

刘红，2009. 少数民族大学生创新精神培养现状的调查研究：以苗族、布依族等为例 [D]. 贵州：贵州师范大学.

刘怡，段鑫星，2020. 大五人格对大学生创新行为的作用机制 ［J］. 教育理论与实践，40（15）：38-41.

刘瑛，负晓燕，2011. 大学生创业动机概念模型研究 ［J］. 机械管理开发（1）：155-156，158.

马轶群，孔婷婷，丁娟，2020. 贫困经历、创业动机与大学生创业意愿提升研究：基于在校大学生调查数据的实证分析 ［J］. 高教探索（1）：109-116.

宁德鹏，葛宝山，2017. 我国创业政策满意度对创业意向影响的研究：以创业激情为中介的大样本实证考察 ［J］. 华中科技大学学报（社会科学版），31（3）：108-114.

牛秀平，张艳芬，2003. 大学生创造性的调查研究 ［J］. 石家庄师范专科学校学报（5）：58-60，84.

潘峰，2021. 传递与整合：基于代际的"农二代"大学生创业性格养成：来自厦门的田野研究 ［J］. 民族教育研究，32（2）：140-147.

潘柳燕，王恩界，2012. 多元教学方法的实践探索：以《社会心理学》教学为例 ［J］. 广西教育学院学报（1）：98-102.

逄键涛，温珂，2017. 主动性人格对员工创新行为的影响与机制 ［J］. 科研管理，38（1）：12-20.

彭刚，1995. 创业教育学 ［M］. 南京：江苏教育出版社.

秦虹，张武升，2006. 创新精神的本质特点与结构构成 ［J］. 教育科学，22（2）：7-9.

秦燕青，朱晓玲，王坚，2017. 父母教养方式、创意自我效能感与创造力的关系研究综述 ［J］. 南昌师范学院学报，38（4）：103-105，113.

沈汪兵，刘昌，施春华，等，2015. 创造性思维的性别差异 ［J］. 心理科学进展，23（8）：1380-1389.

舒曾，贺琼，李晓敏，等，2016. 母亲养育压力对幼儿创造性人格的影响：教养方式的中介作用 ［J］. 心理发展与教育，32（3）：276-284.

孙崇勇，2016. 大学生创造性4C认知及其与大五人格的关系 ［J］. 应用心理学，22（1）：67-75.

陶漫，胡文靖，2018. 基于人格五因素模型的成功创业大学生人格特质研究：问题与可能 ［J］. 石家庄：河北农业大学，20（4）：8-10.

万凤艳，2009. 大学生创业意识与职业价值观及其关系研究 ［D］. 重庆：

重庆大学.

汪玲, 高玉娇, 张晓云, 2017. 情绪创造性的影响因素及其与应对方式的关系 [J]. 心理科学, 40 (5): 1168-1174.

汪玲, 席蓉蓉, 2004. 初中生创造个性、父母教养方式及其关系的研究 [J]. 首都师范大学学报 (社会科学版) (5): 102-108.

王安琪, 杨倩容, 吴青, 等, 2018. "大众创业, 万众创新" 背景下高校大学生的创业现状探析 [J]. 文化创新比较研究, 2 (34): 129-130

王汉清, 况志华, 王庆生, 等, 2005. 大学生创新能力总体状况调查分析 [J]. 高等教育研究 (9): 88-93.

王洪才, 2022. 创新创业能力的科学内涵及其意义 [J]. 教育发展研究, 42 (1): 53-59.

王洪才, 2020. 论创新创业人才的人格特质、核心素质与关键能力 [J]. 江苏高教 (12): 44-51.

王洪礼, 刘红, 2009. 大学生创新精神的心理测量学研究 [J]. 心理科学, 32 (3): 679-681.

王洪礼, 2004. 论如何培养中小学生的创新精神 [J]. 心理科学, 27 (2): 383-385.

王佳莉, 2017. 父母教养方式对中班幼儿创造力倾向影响 [J]. 三峡大学学报 (人文社会科学版), 39 (S1): 254-255.

王孟成, 戴晓阳, 姚树桥, 2011. 中国大五人格问卷的初步编制Ⅲ: 简式版的制定及信效度检验 [J]. 中国临床心理学杂志, 19 (4): 454-457.

王敏, 程源, 2013. 领导者大五人格的研究现状及展望 [J]. 管理现代化 (4): 48-50.

王乃弋, 蒋建华, 2018. 核心自我评价对大学生职业决策自我效能的影响: 职业价值观的中介作用分析 [J]. 国家教育行政学院学报 (7): 75-82.

王玉洁, 窦凯, 刘毅, 等, 2015. 青少年核心自我评价与内化问题行为的关系 [J]. 中国学校卫生, 36 (3): 368-371.

伍小东, 段海燕, 2019. 父母教养方式和自我效能感对研究生创造力倾向的影响 [J]. 陕西学前师范学院学报, 35 (1): 79-83.

邢靖, 周喜华, 2018. 大学生就业应对方式与创业动机、主动性人格的关系 [J]. 中国健康心理学杂志, 26 (12): 1853-1856.

徐莹, 2014. 大学生寝室氛围与大五人格的关系研究 [J]. 校园心理, 12

（1）：13-16.

杨通宇，2006. 贵州省高校学生人格因素与创新精神调查研究［D］. 贵阳：贵州师范大学.

杨燕红，2014. 大学生自我效能感与创业意识的关系研究［J］. 校园心理（2）：105-106.

杨珍，2012. 领导者创新精神对成员创新绩效的影响研究：创新气氛的中介作用［J］. 教育理论与实践，32（22）：45-48.

姚大伟，2017. 大学生创新创业意识培育研究［D］. 上海：东华理工大学.

姚若松，陈怀锦，苗群鹰，2013. 企业员工大五人格特质与关系绩效的相关研究［J］. 心理学探新，33（4）：374-379.

姚禹含，2020. 创业环境对大学生创业意愿的影响［D］. 沈阳：沈阳师范大学.

于德娥，符元证，李晓珍，2018. 海南大学生大五人格影响因素［J］. 中国健康心理学杂志，26（4）：628-634.

袁泉，2008. 大学生创业意识培养途径初探［J］. 扬州教育学院学报，26（4）：36-38.

岳昌君，吕媛，2015. 硕士研究生创新精神特征及影响因素分析［J］. 复旦教育论坛，13（6）：20-25，112.

张惠敏，刘彩谊，李焕，等，2014. 网络成瘾初中生创造性倾向及与父母养育方式的相关性研究［J］. 中国全科医学，17（10）：1176-1179.

张慧，查强，宋亚峰，2019. 高职学生需要何种创业榜样？基于学生视角的质性分析［J］. 高校教育管理，13（5）：115-124.

张景焕，李建全，郑雪梅，等，2014. 父母教养方式对初中生创造思维的影响：自我概念的中介作用［J］. 心理与行为研究，12（2）：145-150.

张景焕，满达呼，刘桂荣，等，2013. 父母教养方式对小学高年级学生社会创造力的影响：自尊的中介作用［J］. 心理发展与教育，29（6）：595-603.

张琳琳，DEJOY D，李楠，2013. 新生代员工核心自我评价与工作投入的关系：有调节的中介模型［J］. 软科学，27（4）：111-115.

张舜，杨晓蕾，任佳文，等，2021. 多巴胺相关基因甲基化、家庭环境与创造力的关系［J］. 心理科学进展，29（11）：1911-1919.

张文新. 儿童社会性发展［M］. 北京：北京师范大学出版社，1999.

张翔, 杜建政, 2011. 核心自我评价对员工心理与行为影响的实证研究 [J]. 心理研究, 4 (1): 44-48.

张永强, 安欣欣, 朱明洋, 2017. 高管主动性人格与商业模式创新研究 [J]. 科学学与科学技术管理, 38 (10): 69-81.

张忠山, 黄自敏, 2019. 基于学生创新精神培养的教师教学行为结构 [J]. 上海教育科研 (3): 94-96.

赵春鱼, 毛成, 张麓麓, 等, 2013. 大学生创业意识问卷编制及应用 [J]. 思想理论教育 (9): 78-80.

赵丹, 凌峰, 2014. 安徽省大学生创业意愿实证研究 [J]. 江淮论坛 (5): 77-81.

赵娟, 2017. 核心自我评价、团队创新氛围和创造力的关系研究 [D]. 成都: 电子科技大学.

周广亚, 2018. 职业价值观、核心自我评价与大学生创业意向的关系 [J]. 石家庄学院学报, 20 (6): 135-140.

周盼佳, 周钱, 2016. 大学生创业者创业动机的调查分析: 基于宁波大市范围的调研 [J]. 人力资源开发, 11 (22): 53.

周治金, 杨文娇, 赵晓川, 2006. 大学生创造力特征的调查与分析 [J]. 高等教育研究 (5): 78-82.

朱贺玲, 郑若玲, 2011. 大学生创业动机特征实证研究: 以厦门大学为例 [J]. 集美大学学报 (教育科学版) (1): 53-57.

BARBER B K, STOLZ H E, OLSEN J A, et al., 2005. Parental support, psychological control, and behavioral control: assessing relevance across time, culture, and method [J]. Monographs of the society for research in child development: 139-147.

BAUMRIND D, 1971. Current patterns of parental authority [J]. Developmental Psychology (4): 48-103.

BAUMRIND D, 1991. The influence of parenting style on adolescent competence and substance use [J]. The Journal of Early Adolescence, 11 (1): 56-95.

CLAXTON G, EDWARDS L, SCALE-CONSTANTINOU V, 2006. Cultivating creative mentalities: a framework for education [J]. Thinking Skills and Creativity, 1 (1): 57-61.

DARLING N, STEINBERG L, 1993. Parenting style as context: an integrative model［J］. Psychological Bulletin, 13（3）：487-496.

DINEEN R, NIU W, 2008. The effectiveness of western creative teaching methods in China：an action research project［J］. Psychology of Aesthetics, Creativity, and the Arts, 2（1）：42-52.

FORRESTER V, HUI A, 2007. Creativity in the Hong Kong classroom：what is the contextual practice?［J］. Thinking Skills & Creativity, 2（1）：30-38.

GONG Q, 2021. Problems and countermeasures in the cultivation of innovation and entrepreneurship ability among college students in China［J］. Journal of Contemporary Educational Research, 5（8）：25-29.

HOEVE M, BLOKLAND A, DUBAS J S, et al., 2008. Trajectories of delinquency and parenting styles［J］. Journal of abnormal child psychology, 36（2）：223-235.

HUSSAIN S, MALIK M I, 2018. Towards nurturing the entrepreneurial intentions of neglected female business students of Pakistan through proactive personality, self-efficacy and university support factors［J］. Asia Pacific Journal of Innovation and Entrepreneurship, 12（3）：363-378.

JUDGE T A, EREZ A, BONO J E, et al., 2003. The core self-evaluations scale：development of a measure［J］. Personnel Psychology, 56（2）：303-331.

JUNG R E, MEAD B S, CARRASCO J, et al., 2013. The structure of creative cognition in the human brain［J］. Frontiers in human neuroscience（7）：330.

KUPPENS S, CEULEMANS E, 2019. Parenting styles：a closer look at a well-known concept［J］. Journal of child and family studies, 28（1）：168-181.

LAMBORN S D, MOUNTS N S, STEINBERG L, et al., 1991. Patterns of competence and adjustment among adolescents from authoritative, authoritarian, indulgent, and neglectful families［J］. Child development, 62（5）：1049-1065.

MASUD H, THURASAMY R, AHMAD M S, 2015. Parenting styles and academic achievement of young adolescents：a systematic literature review［J］. Quality & quantity, 49（6）：2411-2433.

MCCRAE R R, COSTA P T, 2004. A contemplated revision of the NEO five-factor inventory [J]. Personality and Individual Differences (36): 587-596.

MENG X, 2019. Cultivation mode of students' innovation and entrepreneurship a-bility in applied undergraduate colleges [C] //2019 International conference on advanced education research and modern teaching (AERMT 2019). Atlantis Press: 208-211.

MILLER A L, LAMBERT A D, SPEIRS NEUMEISTER K L, 2012. Parenting style, perfectionism, and creativity in high-ability and high-achieving young adults [J]. Journal for the Education of the Gifted, 35 (4): 344-365.

RANKIN WILLIAMS L, DEGNAN K A, PEREZ-EDGAR K E, et al., 2009. Impact of behavioral inhibition and parenting style on internalizing and exter-nalizing problems from early childhood through adolescence [J]. Journal of abnormal child psychology, 37 (8): 1063-1075.

RHODES M, 1961. An analysis of creativity [J]. Phi Delta Kappan (42): 305-310.

RITTER S M, GU X, CRIJNS M, et al., 2020. Fostering students' creative thinking skills by means of a one-year creativity training program [J]. PLoS ONE, 15 (3): 229.

RUNCO M A, 2004. Creativity [J]. Annual Review of Psychology (55): 657-687.

RUSCIO A M, AMABILE T M, 1999. Effects of instructional style on problem-solving creativity [J]. Creativity Research Journal, 12 (4): 251-266.

SEN R S, SHARMA N, 2013. The familial context of creativity: patterns of nur-turance in families of creative children [J]. Psychological Studies, 58 (4): 374-385.

SILVIA P J, WINTERSTEIN B P, WILLSE J T, et al., 2008. Assessing creativ-ity with divergent thinking tasks: exploring the reliability and validity of new subjective scoring methods [J]. Psychology of Aesthetics, Creativity, and the Arts, 2 (2): 68.

STEINBERG L, LAMBORN S D, DARLING N, et al., 1994. Over-time changes in adjustment and competence among adolescents from authoritative, authoritarian, indulgent, and neglectful families [J]. Child development, 65 (3): 754-770.

STEINBERG L, 2005. Psychological control: style or substance? [J]. New directions for child and adolescent development, 108: 71-78.

STERNBERG R, 2008. Applying psychological theories to educational practice [J]. American Educational Research Journal, 45 (1): 150-165.

TENNENT L, BERTHELSEN D, 1997. Creativity: what does it mean in the family context? [J]. Journal of Australian Research in Early Childhood Education (1): 91-104.

WANG Y, 2022. Optimizing the cultivation path of college students' innovation and entrepreneurship ability from the perspective of the internet [J]. Wireless Communications and Mobile Computing, 6 (2): 1-12.

WOLFRADT U, HEMPEL S, MILES J N V, 2003. Perceived parenting styles, depersonalisation, anxiety and coping behaviour in adolescents [J]. Personality and individual differences, 34 (3): 521-532.

ZHOU Q, 2021. Research on the problems and countermeasures of the cultivation of adult college students' innovation and entrepreneurship ability in the internet era [J]. Open Access Library Journal, 8 (7): 1-12.

附录

大学生学习、生活调查问卷

亲爱的同学：

您好！非常感谢您能抽出时间来参与本次调查，我们非常希望通过您的帮助，真实地了解大学生在学习或生活等方面的一些基本现状。请注意：本调查问卷是匿名问卷，仅作研究之用，不会泄露您的任何信息，您所填写的答案没有对错、好坏之分，请您客观、真实地回答，您的认真填写对我们的研究非常重要，谢谢您的合作！

一、基本信息（请根据您的实际情况在相应的答案上打"√"）。

1. 性别：（1）男　　　　　（2）女

2. 年级：（1）大一　　　（2）大二　　　　（3）大三　　　（4）大四

3. 专业类别：（1）文史类　　　（2）理工类　　　（3）其他类

4. 家庭居住地：（1）城市　　　（2）区县　　　　（3）农村

5. 您是否有兼职或创业经历：（1）是　　　　（2）否

6. 班级环境：（1）团结奋进型　　　（2）一般型　　　（3）自由散漫型

二、以下是一些陈述或说法，您可能同意，可能不同意，请您根据下面的陈述符合您情况的程度，在题后给出的 5 个选项中进行选择，并在相应的数字上打"√"（样题）。

题号	题　　　　目	完全不同意	比较不同意	不能确定	比较同意	完全同意
1	我相信自己在生活中能获得成功	1	2	3	4	5
2	我经常感觉到情绪低落	1	2	3	4	5

题号	题　　　目	完全 不同意	比较 不同意	不能 确定	比较 同意	完全 同意
3	失败时，我感觉自己很没用	1	2	3	4	5
4	我能成功地完成各项任务	1	2	3	4	5
5	我觉得自己对工作（学习）没有把握	1	2	3	4	5

三、请您仔细读完调查问卷中的每一个句子，在后面您认为最符合您的实际情况和看法的选项所对应的数字上打"√"。比如，您认为某一句子描述的情况一点也不符合你的情况，就在"完全不符合"所对应的"1"上打"√"，其他依次类推（样题）。

题号	题　　　项	完全 不符合	不太 符合	不确 定	比较 符合	完全 符合
1	我听课时，有时会冒出奇妙的想法，并且兴奋不已	1	2	3	4	5
2	我不喜欢模仿别人，而喜欢做出新的不同寻常的表现	1	2	3	4	5
3	有时我会对大多数人深信不疑的东西表示怀疑	1	2	3	4	5
4	解决问题时，如果没有可借鉴的经验，我会感到无从下手	1	2	3	4	5
5	课堂上，老师经常鼓励我们不要迷信专家和权威们的观点	1	2	3	4	5
6	在解决问题的过程中，我会有意识地对自己的思路是否正确合理随时进行监督与控制	1	2	3	4	5
7	当遇到难以解决的问题时，我能及时改变思考角度	1	2	3	4	5
8	我能发现教材、书籍或刊物中某些表达不流畅、陈述有问题的文字	1	2	3	4	5
9	当再次遇到老问题时，我会驾轻就熟地使用经验去解决	1	2	3	4	5
10	做事情时，我喜欢"三思而后行"	1	2	3	4	5

四、以下有一些关于个人的一些形容，每句子的后面都有六个数字，分别代表您平常表现的情形，请从中选择一个您觉得最能形容您的选项并

在相应的数字上打"√"（样题）。

题号	题　　项	完全 不符合	大部分 不符合	有点 不符合	有点 符合	大部分 符合	完全 符合
1	我常感到害怕	1	2	3	4	5	6
2	一旦确定了目标，我会坚持努力地 实现它	1	2	3	4	5	6
3	我觉得大部分人基本上是心怀善 意的	1	2	3	4	5	6
4	我头脑中经常充满生动的画面	1	2	3	4	5	6
5	我对人多的聚会感到乏味	1	2	3	4	5	6
6	有时我觉得自己一无是处	1	2	3	4	5	6
7	我常常是仔细考虑之后才做出决定	1	2	3	4	5	6
8	我不太关心别人是否受到不公正的 待遇	1	2	3	4	5	6
9	我是个勇于冒险，突破常规的人	1	2	3	4	5	6
10	在热闹的聚会上，我常常表现主动 并尽情玩耍	1	2	3	4	5	6

五、以下是一些陈述或说法，请您对下列条目仔细阅读，与您的实际
想法进行比较，在你认为最符合您的实际情况和看法的选项所对应的数字
上打"√"（样题）。

题号	题　　项	完全 不符合	不 符合	不 确定	符合	完全 符合
1	我是一个充满活力、积极进取的人	1	2	3	4	5
2	我能够承受挫折与失败的打击	1	2	3	4	5
3	我希望通过创业获得大家的认可	1	2	3	4	5
4	我希望通过创业实现自我价值	1	2	3	4	5
5	我希望通过创业获得财富	1	2	3	4	5
1	我会主动选修学校关于创业教育的课程	1	2	3	4	5
2	我会主动参加政府组织的创业培训	1	2	3	4	5
3	我会主动参加学校关于创业教育的讲座	1	2	3	4	5

题号	题　　项		完全 不符合	不 符合	不 确定	符合	完全 符合
4	我会去参加有关的创业活动		1	2	3	4	5
5	成为一个企业家会给我带来很大的满足		1	2	3	4	5

六、以下是关于父母的一些陈述。我们每一个人在成长过程中，对父亲或母亲管教与养育我们的方式会有深刻的印象，请您努力回想这些印象，并根据它们发生在你自己身上的频率，在最合适的数字上打"√"（如果您幼小时是单亲或者丧失家庭，可以只填父亲或母亲的那一项或不填）（样题）。

题号	题　　项		从不	偶尔	经常	总是
1	父/母亲常常在我不知道原因的情况下对我大发脾气	父	1	2	3	4
		母	1	2	3	4
2	父/母亲赞美我	父	1	2	3	4
		母	1	2	3	4
3	我觉得父/母亲对我正在做的事过分担心	父	1	2	3	4
		母	1	2	3	4
4	父/母亲对我的惩罚往往超过我应受的程度	父	1	2	3	4
		母	1	2	3	4
5	父/母亲要求我回到家里必须得向她说明我在外面做什么事	父	1	2	3	4
		母	1	2	3	4

七、以下是对学校老师教学方式的一些陈述，请您对下列条目仔细阅读，与您的实际情况进行比较，并在条目后对应的数字上打"√"（样题）。

题号	题　　项	完全 不符合	不太 符合	不 确定	比较 符合	完全 符合
1	任课老师在严谨治学、言传身教方面做得很好	1	2	3	4	5
2	任课老师在教学中善于启发学生思维，培养学生的动手能力	1	2	3	4	5

题号	题　　项	完全不符合	不太符合	不确定	比较符合	完全符合
3	任课老师的教学内容条理清晰，逻辑严密	1	2	3	4	5
4	所学课程的理论教学是和实践教学相结合的	1	2	3	4	5
5	所学课程的教学内容非常的丰富	1	2	3	4	5

非常感谢您的支持与配合！